Horst Oberkampf

Ohne Rechte keine Zukunft

Die Syrischen Christen des Turabdin im Südosten der Türkei

Erlanger Verlag für Mission und Ökumene

Horst Oberkampf

Ohne Rechte keine Zukunft

Die Syrischen Christen des Turabdin im Südosten der Türkei

Horst Oberkampf

No rights – no future

The Syriac Christians of Turabdin in the South-East of Turkey

Bibliografische Information Der Deutschen Nationalbibliothek
Die Deutsche Nationalbibliothek verzeichnet diese Publikation in der Deutschen Nationalbibliografie; detaillierte bibliografische Daten sind im Internet über
http://www.dnb.d-nb.de abrufbar.

ISBN 978-3-87214-528-4

www.erlanger-verlag.de

Layout: Daniel Walaschek, Berlin
Umschlaggestaltung: Daniel Walaschek, Berlin
Englische Texte: Bearbeitet Ekkehard Keil, Bad Saulgau

Druck und Bindung: CPI books GmbH, Ulm

Titelseite: Kloster Mor Gabriel
Rückseite: Landschaft im Turabdin

http://www.nordirak-turabdin.info

Für die syrischen Christen im Turabdin
und in der Diaspora

Inhaltsverzeichnis

Im Dorf **Inwardo**

Grüße aus dem Turabdin

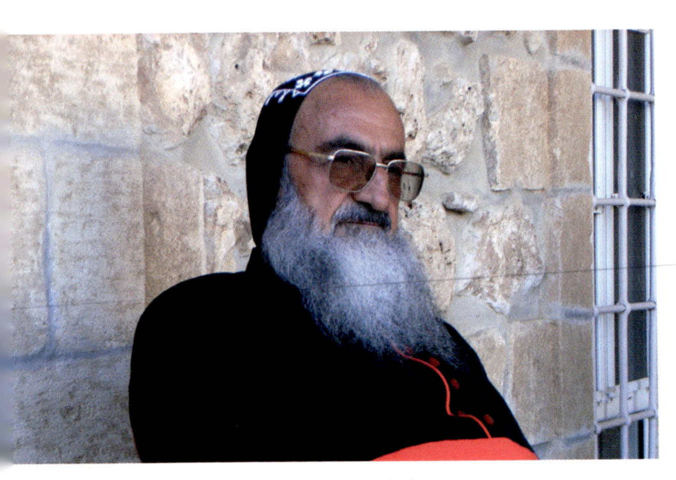

Erzbischof Timotheos Samuel Aktaş

Dear Father Horst Oberkampf,
it is indeed pleasing to see yet another book about Turabdin. Your new book entitled "No rights – no future. The Syriac Christians of Turabdin in the South-East of Turkey" is just another sign of your great love to the service of the Lord, which you express in your great commitment to helping your Christian brothers and sisters in Turabdin.

It does indeed require a lot of efforts and sacrifice to give so much of one's time to good causes. This is even more difficult when such efforts are done in a politically unstable place that involve great sensitivity and risk. You did indeed worked very hard with great determination and love in order to improve the situation for better for your Christian brothers and sisters in Turabdin.

We can see today that your efforts were worth paying since we see that a lot has changed. Few decades back the situation was quite different. There was a lot of tension and worry in the area. The worry and ambiguity have left room to hope and looking for a good future about the situation of the Christians in Turabdin. Days had passed, followed by weeks and even months, but yet we could hardly see any people around. The people we saw then were people like yourself who had a brave heart and would come with commitment and determination to help despite the risks involved.

We shall remember your kindness and pray for you, but we shall also remember in our prayer those hidden heroes who stood in your back and encouraged you to continue such a blessed work for decades; for without their permission you would not be able to put this work in practice. May the Lord give you strength, courage and good health in order to continue your wonderful work for your Christian brothers and sisters here in Turabdin.

May our Lord Jesus be with you and your family and bless you.

+Timotheos Samuel Aktaş
Archbishop of Turabdin

Lieber Bruder Horst Oberkampf,
es ist wirklich sehr erfreulich, dass es noch ein weiteres Buch über den Turabdin gibt. Dein neues Buch mit dem Titel „Ohne Rechte keine Zukunft – Die syrischen Christen des Turabdin im Südosten der Türkei" ist sicher noch einmal ein Zeichen Deiner großen Liebe zu Deinem Dienst für Gott, den Du zum Ausdruck bringst in Deinem großen Engagement für die christlichen Brüder und Schwestern im Turabdin.

In der Tat erfordert es große Anstrengungen und Opfer, wenn man so viel von seiner Zeit guten Zwecken widmet. Das ist sogar noch viel schwieriger, wenn es bei solchen Anstrengungen um einen politisch instabilen Ort geht, was große Sensibilität und Risikobereitschaft verlangt. Du hast tatsächlich sehr hart und mit großer Beharrlichkeit und Liebe gearbeitet, um die Lage Deiner christlichen Brüder und Schwestern im Turabdin zu verbessern.

Wir können heute sehen, dass sich Dein Einsatz gelohnt hat, weil wir wahrnehmen, dass sich vieles geändert hat. Wenige Jahrzehnte zuvor war die Lage noch völlig anders. Es gab in unserem Gebiet viele Spannungen und Sorgen. Die Sorge und Zwiespältigkeit haben jetzt Platz gemacht für Hoffnung und die Suche nach einer guten Zukunft bezüglich der Lage der Christen im Turabdin. Es waren Tage vergangen, gefolgt von Wochen und sogar Monaten, aber trotzdem konnten wir kaum irgendwelche Leute bei uns begrüßen. Die Leute, die wir dann sahen, waren Menschen wie Du, die ein tapferes Herz hatten, und die mit Entschlossenheit kamen, zu helfen trotz aller Risiken.

Wir werden Deine Freundlichkeit in Erinnerung behalten, und wir beten für Dich, aber wir werden in unsere Gebete auch jene verborgenen Helden einschließen, die Dir den Rücken gestärkt haben und Dich ermutigt haben, eine so gesegnete Arbeit über Jahrzehnte hinweg zu tun. Denn ohne ihren Rückhalt hättest Du diese Arbeit in der Praxis nicht tun können. Möge Dir der Herr Kraft, Mut und Gesundheit geben, damit Du Deine wunderbare Arbeit für Deine christlichen Brüder und Schwestern hier im Turabdin weiterführen kannst.

Möge unser Herr Jesus Christus mit Dir sein und Deine Familie und Dich segnen.

+Timotheos Samuel Aktaş
Erzbischof des Turabdin

Grüße aus Mardin

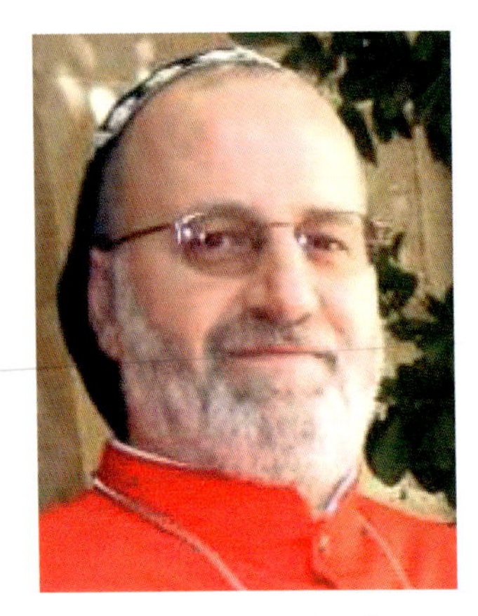

Erzbischof Philoxinos Saliba Özmen

Dear Fr. Horst Oberkampf,
prayers, blessings and greetings in the name of our Lord Jesus Christ. I am greatly glad and very happy to hear that you are about to publish your important book of 'Turabdin today' which you entitled "No rights – no future. The Syriac Christians of Turabdin in the South-East of Turkey", which we believe that it is going to serve the future of our life and our fortitude as ancient Syriac Christians in our beloved homeland of Turabdin the birth place of our ancestors.

Therefore, I and on behalf of the monastery of Mor Hananyo (Deyrulzafaran) and our diocese of Mardin and Diyarbakır, we would like to extend our thanks and gratitude and also to congratulate you for this precious book, praying that God allmighty may give you strength and health in order to compose such many books, and to reward you in His kingdom of heaven.

Yours
Philoxinos Saliba Özmen
Archbishop of Mardin and Diyarbakir

Lieber Horst Oberkampf,
Gebete, Segenswünsche und Grüße im Namen unseres Herrn Jesus Christus.
Ich freue mich sehr und bin glücklich zu hören, dass Du dabei bist, Dein wichtiges Buch über den Turabdin zu veröffentlichen. Du hast ihm den Titel gegeben „Ohne Rechte keine Zukunft – Die syrischen Christen des Turabdin in der Südosttürkei". Wir glauben, dass es dazu beiträgt, die Zukunft unseres Lebens und unseren Mut als traditionelle syrische Christen in unserer geliebten Heimat Turabdin zu bewahren, dem Geburtsort unserer Vorfahren.

Deshalb wollen wir – ich und im Namen des Klosters Mor Hananyo (Deyrulzafaran) und unserer Diözese Mardin-Diyarbakir – unsere Dankbarkeit zum Ausdruck bringen und wollen Dir auch zu diesem besonderen Buch gratulieren. Wir bitten Gott den Allmächtigen, er möge Dir Kraft und Gesundheit schenken, damit Du noch viele solche Bücher gestalten kannst – Gott möge es Dir vergelten in seinem himmlischen Reich

Dein
Philoxinos Saliba Özmen
Erzbischof von Mardin und Diyarbakir.

Einleitung

Der Turabdin – „Berg der Knechte", eine der ältesten Regionen des Christentums, Heimat der syrischen Christen, die ihre Herkunft auf die Aramäer und Assyrer zurückführen.

Der Turabdin – einmalig in der Türkei: Ein Zentrum alter Kirchen und Klöster aus dem 4. - 7. Jahrhundert n. Chr.

Der Turabdin – einer der letzten Orte, an dem noch die Sprache Jesu, ein Dialekt des Aramäischen gesprochen wird.

Der Turabdin – ein Ort, der immer wieder von Problemen heimgesucht wurde, weil die syrischen Christen eine religiöse und ethnische Minderheit in der Türkei sind, weil ihnen die Rechte des Lausanner Vertrages von 1923 bis heute nicht zugestanden werden.

Der Turabdin – ein Ort, an dem Christen zwischen Hoffen und Bangen leben. Tausende Christen sind in der Zeit zwischen 1980 und 1990 geflohen, haben sich im westlichen Ausland angesiedelt und haben dort eine zweite Heimat gefunden. Aber Familien kehren langsam und zaghaft wieder zurück. Rückkehr ist für mich das große „Wunder" im Turabdin heute.

Das „zweite Wunder" im Turabdin ist für mich die „Renovierung" von Kirchen, Klöstern und Häusern. In den letzten Jahren wurde vieles gemacht und bewegt. Dadurch hat das Gesicht im Turabdin ein neues und frisches, hoffentlich auch zuversichtliches Aussehen bekommen.

Horst Oberkampf

Der Turabdin – bekannt durch das geistliche Zentrum des Klosters Mor Gabriel, gegründet im Jahr 397 n. Chr. Heute: Das Kloster wurde von Nachbarn und staatlichen Stellen wegen seines Landbesitzes angeklagt. Eine Prozesslawine rollt gegenwärtig über das Kloster. Die Christen haben erneut Sorge um ihre Heimat Turabdin.

Der Turabdin braucht unsere Solidarität. Bilder und Themen wollen über den „Turabdin heute" berichten. Aktuelle Probleme, unterbrochen durch Bilder, werden aufgegriffen, mit denen die syrischen Christen in den letzten Jahren zu tun hatten oder noch haben.

Dabei ist mir aufgefallen, dass es immer wieder um die Rechte der Christen geht, die ihnen leider nicht gewährt werden, obwohl sie türkische Staatsbürger sind, wie die anderen auch. Menschen ohne Rechte können nicht leben und haben keine Zukunft. Menschen, die sich in faktischer Rechtlosigkeit wieder finden, werden durch Angst und Druck am Leben gehindert. Oft ging mir in den letzten Jahren das Wort des libanesischen Schriftstellers Khalil Gibran durch den Kopf, der einmal sagte: Wir wollen unsere Rechte und keine Gnade.

Einige Texte sind in Englisch wiedergegeben, weil das Orginal englisch ist; die deutsche Übersetzung ist dann jeweils angefügt. Am Ende von jedem Kapitel wird eine „Summary", eine kurze Zusammenfassung in Englisch angeboten, um vielen das Verständnis dieses Buches zu ermöglichen.

Die Kirchen und Klöster im Turabdin sind fast alle in der Zeit vom 4. bis 7. Jahrhundert erbaut worden. Deshalb werden die Jahreszahlen bei den Bildern nicht erwähnt, da sie oftmals auch nicht ganz genau sind. Die ursprüngliche Substanz der Kirchen geht auf jeden Fall bis in diese Zeit zurück, auch wenn sie heute vielfach renoviert oder neu aufgebaut wurden. Einige Kirchen sollen sogar noch älter sein, z.B. die Höhlenkirche in Marbobo.

Nicht jedes Dorf im Turabdin, nicht jede Kirche und nicht jedes Kloster ist in diesem Buch mit einem Bild erwähnt. Das möge man mir bitte nachsehen.

Ich versuchte ein Buch zu schreiben, das die Situation der syrischen Christen „heute" verdeutlichen möchte. Zugleich sollen meine Erfahrungen, die ich im und mit dem Turabdin in dreißig Jahren gesammelt habe, in diese thematischen Schwerpunkte mit einfließen. Es ist ein Buch über meine „ökumenische Herausforderung"!

Kirchenrat Thomas Prieto Peral vom Referat „Ökumene" der Evangelisch Lutherischen Kirche in Bayern (München) möchte ich besonders danken. Er hat ganz wesentlich mit dazu beigetragen, dass dieses Buch nicht in der Schublade liegen blieb, sondern veröffentlich wurde.

Danken möchte ich Janet Abraham, einer engagierten Assyrerin aus München, geboren in Midyat / Turabdin und aufgewachsen in Deutschland. Sie hat mir als Betroffene zu meinem Thema „Turabdin" immer wieder wichtige Hinweise in den letzten Jahren gegeben, hat kritische Fragen gestellt und hat meine Texte auf seine Richtigkeit hin gelesen.

Ekkehard Keil, Bad Saulgau danke ich herzlich; er hat viel Zeit aufgebracht, um alle englischen Texte sehr genau und gründlich zu lesen und zu überarbeiten.

Daniel Walaschek, Berlin danke ich für seine Ausdauer, seine Geduld und seine Kreativität. Er ist für das Layout verantwortlich und hat dem Buch sein „Gesicht" gegeben.

Die Herausgabe dieses Buches wurde finanziell gefördert vom Ökumenereferat der Evangelisch Lutherischen Kirche in Bayern und vom Ökumenereferat der Evangelisch Lutherischen Landeskirche in Württemberg. Herzlichen Dank!

Zum Schluss danke ich dem „Erlanger Verlag für Mission und Ökumene", dass er mein Buch über den Turabdin in sein Programm aufgenommen und publiziert hat, um damit auch auf die Situation der syrischen Christen heute hinzuweisen.

Noch kurz zu meiner Person:
Ich bin evangelischer Gemeindepfarrer (Jahrgang 1942) der Evangelischen Landeskirche in Württemberg (Stuttgart) und lebe heute im Ruhestand in Bad Saulgau (seit 2005). Ich kümmere mich seit über 30 Jahren um die syrischen Christen im Turabdin und seit 1991 um die Christen im Nordirak. Mein erster Besuch in der Heimat der syrischen Christen war im Jahr 1981; weitere Besuche folgten. Ich gehöre seit Bestehen der „Solidaritätsgruppe Turabdin und Nordirak" (1993) zum Leitungsteam dieser Gruppe, die sich um den Turabdin und den Nordirak kümmert.

Horst Oberkampf
Bad Saulgau, 15. Januar 2011

www.nordirak-turabdin.info

Summary

This part is the introduction to this book about Turabdin. You can find a short description about the importance of this region for Christianity: It is the home of the Syriac Christians, the home of Arameans and Assyrians. The language of these Christians is Aramaic, a dialect of the native language of Jesus Christ. It is mentioned that this ethnic and religious minority very often had problems because they didn't have any rights. Mor Gabriel is the spiritual centre of the Syriac Christians. Right now the monastery of Mor Gabriel has many troubles because villages in the neighbourhood and state organisations claim ownership of the monastery's property of land and fields. The community of the monastery and the whole Turabdin needs our solidarity in this difficult situation because they all struggle for their existence just like Christians in Turkey.

At the end of each chapter you can find a "summary" in English. Sometimes you can find english texts, because the original text was written in English. Then you find the text translated into German, too.

About myself:
I was a minister in the Evangelical Lutheran Church of Württemberg (Stuttgart) from 1967 to 2005.; I retired in 2005 and have been living in Bad Saulgau, Baden-Württemberg in the South of Germany. For many years I have had a good and close relationship to our friends in the

monasteries and in Turabdin. I belong to the "Solidarity Group of Turabdin and Northern Iraq" which is deeply involved in the spiritual and material support of the Syriac Christians in Turabdin and of the Christians in Northern Iraq.

Wo liegt der Turabdin?

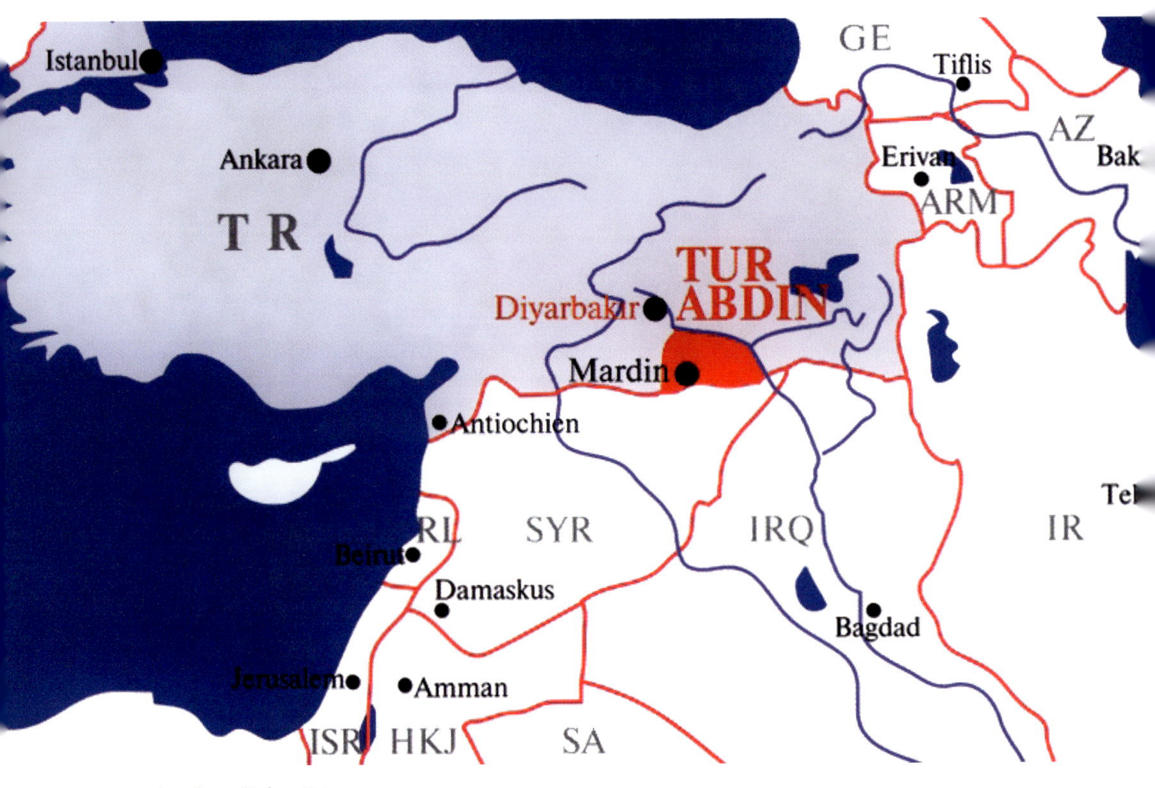

Landkarte **Naher Osten**

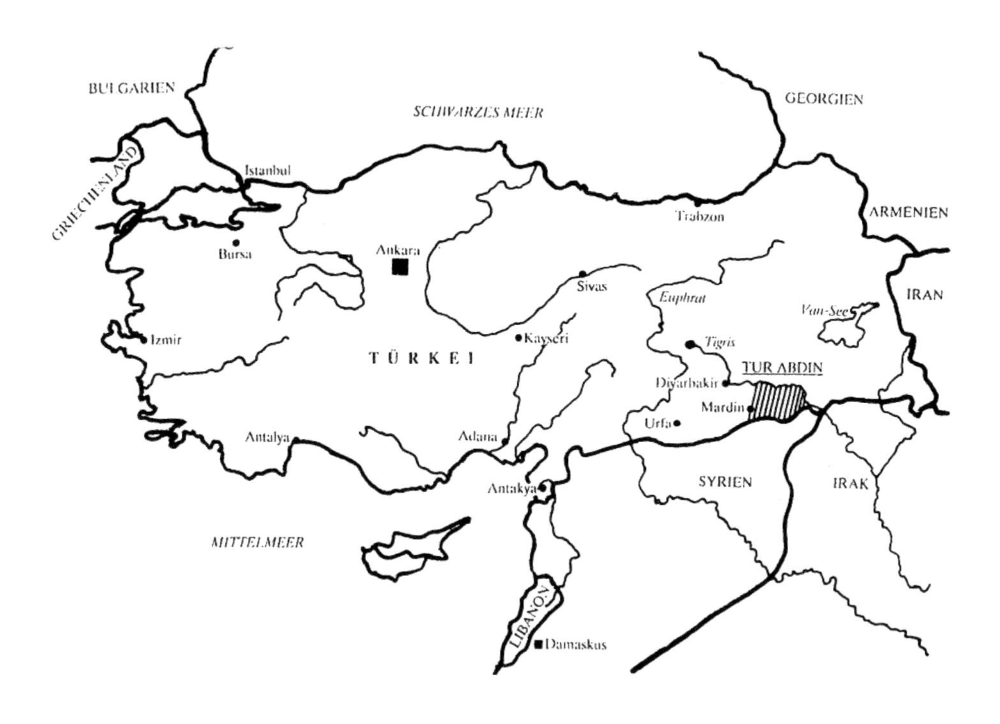

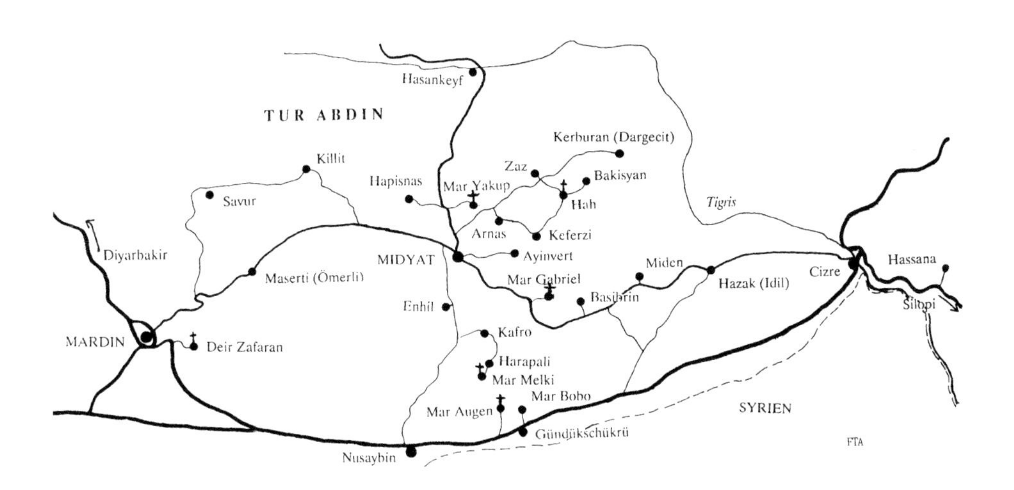

Überblick über den „**Turabdin**" mit den wichtigsten Dörfern und Städten

Sorgen um das Kloster Mor Gabriel

1

Kloster Mor Gabriel

1 Sorgen um das Kloster Mor Gabriel

Einführung

Das Kloster Mor Gabriel ist das geistliche Zentrum der syrischen Christen. Es ist eines der ältesten christlichen Klöster, gegründet 397 n. Chr. Im Jahr 1997 hat es seinen 1600. Geburtstag gefeiert. Gegründet wurde es durch Mor Shmuel Savroyo und seinem Jünger Shamoun Kartminoyo. Im Jahr 668 wurde es unter dem Namen Mor Gabriel, Heiliger Gabriel bekannt. Der damalige Abt und Bischof war Mor Gabriel. Das Kloster erlebte in den darauf folgenden Jahrhunderten eine wechselvolle Geschichte mit Höhen und Tiefen, Zeiten der Zerstörung und des Wiederaufbaus. Im 11. Jahrhundert soll das Kloster 1000 Mönche gehabt haben. Lange Zeit war es Sitz des Metropoliten in der Diözese Turabdin. Auch heute hat Erzbischof Timotheos Samuel Aktaş das Kloster, in dem er viele Jahre lang Abt war, als Sitz des Metropoliten gewählt. Er wurde in das Amt des Erzbischofs für den Turabdin 1985 eingesetzt und geweiht.

Das Kloster wurde in den zurückliegenden 30 Jahren gründlich renoviert und saniert. Das gehört unbestritten zum Lebenswerk

Kloster Mor Gabriel

von Erzbischof Timotheos. Viele Orte, die bislang verschüttet waren, wurden unter großen Anstrengungen wieder frei gelegt und erneuert z.B. die Marien-Kapelle, der „Dom der Theodora", die Krypta usw. Außerdem wurde um das Kloster herum ein großer und weitflächiger „Grüngürtel" angelegt, bestehend aus Gärten, Feldern und Plantagen. Ich kenne das Kloster noch – mein erster Besuch war im Jahr 1981 – als es von einer „Steinwüste" umgeben und noch kein einziges Gartenbeet angelegt war. Heute ist es ein „kleiner Garten Eden". Ich spreche gerne auch vom „grünen Kloster".

Politische Gespräche im Kloster Mor Gabriel mit dem Menschenrechtsbeauftragten des Türkischen Parlaments (rechts vom Erzbischof) (12.09.2006)

Vieles wurde neu gebaut in den letzten Jahren, um u.a. der zunehmenden Zahl von Besuchern gerecht zu werden: Gästehäuser wurden gebaut, ein neuer Speisesaal, ein Haus für die Nonnen, ein neuer Stall für die Kühe usw. Der größte Teil der Ländereien vom Kloster wurde außerdem mit einer großen und langen Mauer umgeben, um sich gegen Eindringlinge und vor allem auch gegen Tiere anderer Hirten zu schützen. Der Rest der Ländereien liegt außerhalb der Mauern. Betrachte ich heute das Kloster von außerhalb, dann kommt es mir von weitem vor wie eine Festung, wie eine „Trutzburg". Ich werde an Psalm 31 erinnert: "Sei mir ein starker Fels und eine Burg, dass du mir helfest".

In diesem weitläufigen Haus leben heute etwa 70 Personen, die das Leben des Klosters mit gestalten oder im Kloster ihren Platz gefunden haben: Der Erzbischof, drei Mönche, vier Malfonos (Lehrer), etwa 35 Schüler in der Klosterschule, dreizehn Nonnen und weitere Mitarbeiter und Mitarbeiterinnen. Die fleißigen Schwestern leben auch im Kloster und haben einen eigenen Wohn- und Arbeitsbereich. Auch einige Familien leben im Kloster. Jährlich kommen bis zu 70.000 Besucher und Besucherinnen aus aller Welt in das Kloster. Immer wieder kommen auch Politiker und Diplomaten, um sich vor Ort über die Situation zu informieren und mit dem Erzbischof zu sprechen. Auf der einen Seite ist der zunehmende Besucherstrom sicher eine große Herausforderung für das Kloster und für seine Verantwortlichen; auf der anderen Seite bietet dieses Kloster natürlich auch einen guten Ort für Begegnungen und Gespräche.

Eine Prozesslawine rollt gegenwärtig über das Kloster

Was ist passiert? Im August 2008 haben drei muslimische Nachbardörfer einen Prozess am Amtsgericht in Midyat angestrengt, in dem das Kloster beschuldigt und angeklagt wird, „dass das Kloster mehr Land besitze als sie zum Beten benötigen". Sie beklagen, dass sie als Hirten viel zu wenig Weideland für ihre Tiere haben. Außerdem wird dem Kloster vorgeworfen, Land für sich als Eigentum zu beanspruchen, das nach Meinung der drei Dorfbürgermeister ihren Dörfern gehöre.

Schwierigkeiten machte u.a. die Tatsache, dass in der Vergangenheit keine Grundbucheintragungen im Südosten der Türkei gemacht wurden. Mit den Dokumenten des Klosters aus den 30er Jahren des letzten Jahrhunderts kann aber nachgewiesen werden, dass die kurdischen Großgrundbesitzer der Region schon vor Jahrzehnten bestätigt haben, dass der heute umstrittene Boden zum Kloster gehört.

Ansprüche auf das Eigentum des Klosters erheben die drei Dörfer Yayvantepe, Eğlence und Çandarli, das türkische Finanzamt in Midyat und das „staatliche Forstamt". Außerdem wurde der Vorsitzende der Stiftung „Kloster Mor Gabriel" angeklagt, weil er verantwortlich ist für den Bau der Mauer, die zum Teil auf der Grenze oder auf dem Land steht, das die Nachbardörfer und der Staat (Forstamt) beanspruchen.

Zu diesen Landproblemen kamen dann noch im Lauf der Prozesse Vorwürfe und Anschuldigungen in einem Papier mit zehn Punkten hinzu, die von den drei Nachbardörfern unterschrieben sind. Dort wird dem Kloster u.a. „Missionierung" an Jugendlichen vorgeworfen, deren Herkunft nicht bekannt sei, und dass das Kloster an dem Platz gebaut wurde, wo früher

Kloster Mor Gabriel (von Kefarbe aus aufgenommen, im Jahr 2009)

eine Moschee stand, die dem Klosterbau weichen musste. Das Kloster wurde in einer Zeit gegründet, da gab es noch keinen Islam, also auch keine Moscheen. Er entstand über 200 Jahre später. Die erwähnten Jugendlichen kommen alle aus den umliegenden Dörfern, die in der Klosterschule in Aramäisch und Religion unterrichtet werden. Tagsüber gehen sie in die staatliche Schule nach Midyat.

Eine schwedische Abgeordnetengruppe zeigte diese Liste mit den zehn Vorwürfen dem Gouverneur von Mardin. Sie fragten ihn, was er davon halte. Er zerriss aus Wut diesen Katalog der Vorwürfe und wies darauf hin, dass diese Punkte vor Gericht nicht verhandelbar sind.

Das Kloster hatte im November 2008 einen ausführlichen Bericht vorgelegt, in dem auf die ganzen Vorwürfe eingegangen wurde. Dieser Bericht wurde nicht nur dem Gericht zur Verfügung gestellt, sondern auch dem Menschenrechtsbeauftragten des türkischen Parlaments in Ankara.

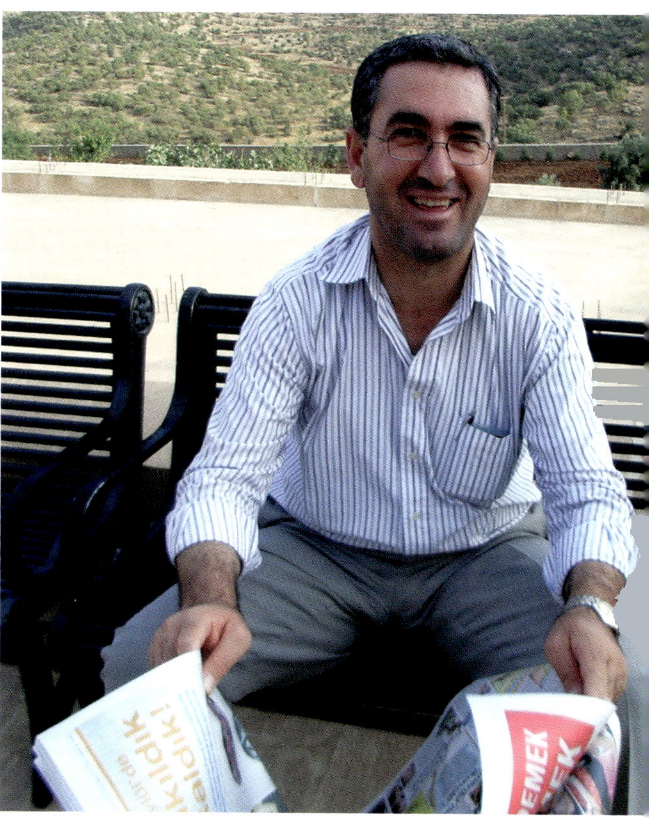

Malfono Kuryakos Ergün, der Stiftungsvorsitzende des Klosters Mor Gabriel

In der Zwischenzeit fanden schon verschiedene Sitzungen statt, die oft nicht länger als 15 Minuten dauerten. Sie wurden jeweils vertagt. Bemerkenswert war die große Teilnahme von Prozessbeobachtern aus den umliegenden Dörfern, aus europäischen Ländern und aus der Türkei. Alle wollten mit ihrer Anwesenheit dem Kloster zeigen, wir stehen hinter euch!

Die Prozesse sind noch nicht beendet, deshalb weiß im Augenblick niemand, wie die Entscheidung am Schluss aussehen wird. Der Stand der Verhandlungen sieht Anfang Oktober 2009 wie folgt aus:

- Das Verfahren, in dem es um die Anerkennung der Landgrenzen geht, wurde im Mai 2009 vom Gericht zugunsten des Klosters Mor Gabriel entschieden. Die alten Grenzen, über die das Kloster Dokumente aus dem Jahr 1937 vorlegen konnte, wurden vom Gericht bestätigt. Die drei Nachbardörfer haben gegen diese Entscheidung Berufung eingelegt.

- Die Staatskasse Midyat hat gegen das Verfahren der „brachliegenden Flurstücke", das das Gericht positiv für das Kloster entschieden hatte, Berufung eingelegt. Das Strafverfahren gegen den Stiftungsvorsitzenden des Klosters ist abhängig vom Ausgang dieses Verfahrens.
- Der Anspruch des staatlichen Forstamtes wurde im Juni 2009 im sog. „Waldverfahren" vom Gericht entschieden. Dem Forstamt wurden 24 Hektar Land vom Klostergelände zugesprochen, da es sich hier um sog. „Wald Gebiet" handelt. „Wald" ist automatisch Staatseigentum der Türkei. Das Kloster hat gegen diese Entscheidung Berufung eingelegt.
- Die Verurteilung des Stiftungsvorsitzenden vom Kloster Mor Gabriel steht noch aus. Ihm wird vorgeworfen, dass die Leitung des Klosters in den 90er Jahren auf den Flurstücken, die als „Wald" ausgewiesen sind und dem Staat gehören, eine Schutzmauer errichtet habe.

Auch ein Jahr später, also am Ende von 2010 ist noch keine verwertbare Entscheidung getroffen worden. Die Gerichtsakten werden zwischen Midyat und Ankara hin und her geschoben. Auch Mardin kam als Gericht ins Gespräch; das Gericht dort lehnte aber eine Zuständigkeit ab. Bei den Gerichtsparteien sieht es nicht viel besser aus. Mal legt der eine, mal der andere Berufung ein, wenn in Midyat eine Entscheidung getroffen wurde. Dann muss der

Kloster Mor Gabriel in der Abendsonne

Demonstration mit ca. 20 000 Teilnehmern am 25.1.2009 **in Berlin für das Kloster Mor Gabriel**

Weg der Instanzen wieder durchlaufen werden und das ist sehr Zeit aufwendig.

Es ist fast wie bei einem „Spiel"

Wie lange wird es so noch weitergehen, dass die angesetzten Termine schon nach 15 Minuten beendet sind und dann immer neue Termine angesetzt werden? Von außen betrachtet kommt mir das fast wie ein „Spiel" vor, in dem auch ausprobiert wird, wer den längeren Atem und die besseren Nerven und die größere Geduld hat. Der Prozess zieht sich immer weiter in die Länge. Und die vom Ausland angereisten Beobachter – Politiker, Diplomaten, Kirchenvertreter, Pressevertreter, Menschenrechtler, Angehörige der Syrisch-Orthodoxen Kirche – können unverrichteter Dinge wieder nach Hause gehen. Für das Kloster ist das ein großer Sympathiegewinn, weil durch die Anwesenheit so vieler Persönlichkeiten auch die Solidarität mit dem Kloster wächst. Und die braucht die Gemeinschaft im Kloster gegenwärtig sehr dringend!

Die Aufmerksamkeit wächst

Durch die Medien ist in vielen westlichen Ländern eine große Aufmerksamkeit entstanden, wie hier eines der ältesten Klöster der Christenheit um sein weiteres Bestehen kämpft, leider vor Gericht, andere Auseinandersetzungen wären dem Kloster sicher lieber. Auch die Großdemonstration in Berlin am Sonntag, 25. Januar 2009 mit etwa 20.000 Teilnehmern und Teilnehmerinnen hat hier einen wichtigen Beitrag geleistet. Ein Aktionsbündnis „Aktion Mor Gabriel", bestehend aus sechs verschiedenen Gruppierungen, hat diese Aktion vorbereitet. Anliegen dieses Zusammenschlusses ist u.a. eine Koordination und Absprache von Aktionen für das Kloster. Informationen findet man im Internet unter

www.aktionmorgabriel.de

Letztlich geht es m. E. bei diesen Prozessen gar nicht in erster Linie um Ländereien, wem was gehört und wie die Grenzen aussehen. Natürlich ist es nach unserem Verständnis Unrecht vom Katasteramt in Midyat, die Grenzen des klösterlichen Landbesitzes nach ihren Vorstellungen und, manchmal so über den Daumen gepeilt, zu Ungunsten des Klosters fest zu legen. Dabei hat das Kloster Papiere und Karten – sollen die plötzlich nicht mehr gelten? Das Kloster hat in der Vergangenheit schon einiges von seinem Landbesitz verloren und durch die neuen Vermessungen im Sommer 2008 hat es noch mehr verloren.

Um was geht es bei diesem Konflikt?

Es geht m. E. um die Existenz der Christen in der Türkei. Es geht um die Rechte der religiösen und ethnischen Minderheit der Aramäer und Assyrer in der Südosttürkei, die zu den ältesten Minderheiten in der Türkei gehören. Es geht um Religionsfreiheit in einem vom Islam geprägten Land, in dem Staat und Religion – wenn auch nur auf dem Papier – voneinander getrennt sind. Das wird solange eingehalten, solange die verantwortlichen Politiker davon keine Nachteile haben.

Die politische Absicht, auch wenn sie nicht deutlich ausgesprochen und beim Namen genannt wird, ist letztlich doch, das Kloster zu säkularisieren und zu einem Museum umzuwidmen, damit die

Teile der Mauer, die um das Kloster gebaut ist

Tätigkeit und der kulturelle Reichtum der Christen mehr und mehr verschwindet. Nur noch die Steine, nicht aber die Menschen, die in dieser fast 2000-jährigen Tradition stehen, werden dann noch von den Christen erzählen, die unübersehbar ihre Spuren seit Hunderten von Jahren hinterlassen haben. Das darf nicht sein und dagegen wehrt sich die weltweite ökumenische Bewegung der Christen und steht hinter dem betroffenen Kloster Mor Gabriel.

Erzbischof Timotheos brachte es so auf den Punkt: „In diesen Prozessen geht es um viel mehr, als nur um die Eigentumsrechte des Klosters. Ohne die Aufmerksamkeit der Weltöffentlichkeit wäre das Kloster schon längst verschwunden. Wenn aber das Kloster nicht mehr existiert, wird es in der Türkei auch bald keine Christen mehr geben".

Was wollen die Christen?

Was gegenwärtig am Beispiel des Klosters Mor Gabriel praktiziert wird und was möglicherweise an den anderen Klöstern fortgesetzt wird, ist wahrlich keines Staates würdig, der in die Europäische Gemeinschaft aufgenommen werden will, falls dieses Ziel überhaupt noch auf der Agenda der türkischen Regierung steht.

Was die Christen in der Türkei wollen, ist nur das Eine: Sie wollen ihre Menschenrechte haben, die jedem Menschen in der Türkei zustehen, den muslimischen und den nicht-muslimischen Bürgern und Bürgerinnen. Sie wollen leben, wie die anderen auch leben wollen. Sie wollen in der Gemeinschaft der Türkei „ihre Stimme" einbringen, wie es die anderen auch tun. Sie wollen ihren Beitrag leisten wie die anderen auch, wenn es um das Gemeinwohl in der Türkei geht. Sie wollen respektiert und akzeptiert werden, wie jeder das er-

Das Kloster von Gärten und Feldern umgeben (**„Das grüne Kloster"**)

wartet, gerade auch, wenn sie anders sind als die Mehrheit, oder gerade deswegen. Sie wollen friedlich mit ihren Nachbarn leben.
Nur wenn einer für den anderen einsteht und sich um die Rechte des anderen kümmert, die er selber für sich in Anspruch nimmt, kann ein vertrauensvolles Miteinander entstehen; denn einer braucht den anderen, auch und gerade im Südosten der Türkei!

Das Kloster Mor Gabriel wehrt sich vehement gegen dieses Vorgehen des türkischen Staates. Letztlich geht es nicht nur um Felder und Grundstücke, sondern vor allem um die Zukunft der Christen in der Türkei. Verantwortliche im Turabdin sagen: Wir Christen sollen aus unserer Heimat vertrieben und ausgelöscht werden. Der Genozid von 1915 wird mit anderen Mitteln fortgesetzt. Dagegen wehren wir uns und hoffen auf eine breite Solidarität der Europäischen Länder. Wer in die EU will, darf aus seinem Land keine religiösen und ethnischen Minderheiten vertreiben. Wir haben keine Angst, denn unsere Hoffnung ist stark, sagen die Freunde im Kloster.

Am Schluss eines Positionspapiers zu den aktuellen Gerichtsverfahren schreibt das Kloster Mor Gabriel am 25.10.2009 in den Schlussfolgerungen folgendes:

„Conclusion:
Alarming concerns of the Monastery

The current Court proceedings are an important test for Turkey's commitment to the protection of minorities' rights. Turkey is a signatory to both European Union and United Nations charters and conventions for human rights and is therefore obliged to ensure the protection of such human rights, including the protection of property (i.e. land). Additionally, Turkey must ensure the prohibition of discrimination on grounds of religion and national minority. If Turkey is to proceed with discussions on entering the EU then it must genuinely attend to ensuring its national minorities are not discriminated and protected against any attempts to unjustly seize its property. The current case against the Monastery is symbolic of larger persecutory activity not only of the Monastery but also of other Syriac communities in other villages throughout Turkey. Their position is equally grave and assistance equally required.

The Monastery of Mor Gabriel is justifiably concerned that the Courts are being used as vehicles for the unlawful acquisition of its property which the Monastery has owned for over 1600 years, particularly when the evidence presented to the Court unequivocally establishes the Monastery's ownership. The Monastery would like the Supreme Court to uphold the rulings concerning the Boundary Lines Case and the Treasury Case that were held in Midyat and it wants the Supreme Court to fairly reconsider the Forestry Land Case and return Monastery land labelled as "forest".

The Monastery has always sought to maintain good relations with its neighbours and the Turkish State and it wishes to preserve this, however the Monastery is compelled to make a stand against any injustices. Therefore we would hope that Turkey will be encouraged to ensure that in the decisions concerning these cases, justice will properly be served and that the Monastery will retain its historic property.

We ask you to please voice your own concerns about the plight of the Syriac people and the Monastery of Mor Gabriel to all people globally who may assist to reverse the current injustices being faced. If you wish to discuss these matters please feel free to contact us. We thank you for your support and look forward to your response."

Schlussfolgerungen:
Alarmierende Sorge um das Kloster

Die aktuellen Gerichtsverfahren sind ein wichtiger Prüfstein für die Verpflichtung der Türkei zum Schutz der Minderheitenrechte. Die Türkei hat nicht nur die Gründungsverträge der Europäischen Union (EU) und der Vereinten Nationen (UNO) unterzeichnet, sondern auch die Menschenrechtskonventionen, und hat sich dadurch verpflichtet, die so festgelegten Menschenrechte, einschließlich des Rechtes auf Eigentum (z.B. Land) zu schützen. Darüber hinaus muss die Türkei dafür garantieren, dass das Verbot der Diskriminierung wegen Religion und ethnischer Minderheit eingehalten wird. Wenn die Türkei bei den Verhandlungen zum EU-Beitritt vorankommen will, muss sie wirklich dafür sorgen, dass ihre ethnischen Minderheiten nicht diskriminiert werden und dass deren Eigentum geschützt wird gegen alle Versuche ungerechter Zugriffe

Kloster Mor Gabriel

und Enteignungen. Das aktuelle Gerichtsverfahren gegen das Kloster ist ein Symbol für größere Verfolgungsaktivitäten nicht nur gegen das Kloster, sondern auch gegen andere syrische Gemeinden in anderen Dörfern überall in der Türkei. Deren Lage ist ebenso besorgniserregend, und sie brauchen genauso Unterstützung.

Das Kloster Mor Gabriel ist mit Recht besorgt darüber, dass die Gerichte als Instrument für den ungesetzlichen Erwerb von Klostereigentum benutzt werden, das das Kloster mehr als 1600 Jahre besessen hat. Das gilt sogar, wenn die Beweise, die dem Gericht vom Kloster vorgelegt werden, eindeutig die Besitzrechte des Klosters belegen. Das Kloster fordert vom obersten Gerichtshof folgendes: Er soll die Gerichtsurteile, die die in Midyat verhandelten Verfahren um die „Grenzlinien" und das vom „Finanzamt" beanspruchte Land betreffen, bestätigen. Außerdem soll der oberste Gerichtshof eine faire Berufungsverhandlung des „Waldlandfalles" durchführen und dem Kloster Land zurückgeben, das einfach als „Wald" eingestuft wurde.

Das Kloster hat immer versucht, gute Beziehungen zu unterhalten zu seinen Nach-

Gottesdienst im **Kloster Mor Gabriel**

barn und dem türkischen Staat, jedoch ist das Kloster verpflichtet, sich zu behaupten gegenüber jeglicher Form von Ungerechtigkeit. Deshalb wollen wir hoffen, dass die Türkei dazu ermutigt wird zu garantieren, dass bei den Entscheidungen, die diese Fälle betreffen, wirklich gerechte Urteile gefällt werden und das Kloster seinen historischen Besitz behalten kann.

Wir bitten Euch herzlich, Eure eigene Betroffenheit über das Schicksal der syrischen Menschen und des Klosters Mor Gabriel zum Ausdruck zu bringen gegenüber allen Menschen auf der Welt, die dabei helfen können, dass die gegenwärtigen Ungerechtigkeiten, mit denen wir konfrontiert sind, aufgehoben werden. Wenn Ihr diese Angelegenheiten mit uns diskutieren wollt, seid so frei und nehmt Kontakt mit uns auf. Wir danken Euch für Eure Unterstützung und freuen uns auf Eure Antwort.

Adresse:

Monastery of Mor Gabriel
P.O. Box 4
T – 47510 Midyat
email: turabdin@superonline.com
Tel: 0 090 - 482 - 2 137 512
Fax: 0 090 - 482 - 2 137 514

Summary

Many people in various countries take care of the old monastery of Mor Gabriel. It was founded in 397 AD. It is one of the oldest monasteries of Christianity. It is the spiritual centre of the Syriac Orthodox Church. Today it is the bishop's seat of Turabdin. Archbishop Timotheos Samuel Aktaş is responsible for the Diocese of Turabdin. In the monastery there is a school for schoolboys and students. Every day they go to the official Turkish state school to Midyat; in their free time they learn their mother language Aramaic and they study religion.

At present the monastery has many troubles produced by three villages in the neighbourhood and some institutions of the state. The monastery is on trial for its property and possession of the fields round the monastery. Various trials have been in the courts of Midyat and Ankara. Nobody knows which result these cases will have and how long the trials will take. Maybe other reasons are hidden in these trials: Groups which exercise influence, want to change the monastery into a museum; the returners coming from abroad are not welcome in their old home. Members of these groups don't like the Christians. They want to live without them in this region although the Christians have lived there for many centuries. In any case the atmosphere for Christians in Turabdin and other parts of Turkey is very tense now. Important for the community of the monastery is the strong solidarity in many European countries and in Turkey, too, for Mor Gabriel. Old friends and new friends from abroad come and attend the trials or send letters or phone the monastery.

Impressionen

Entdeckungen im Kloster Mor Gabriel

Renovierte **Marien Kapelle in Mor Gabriel**

Renovierte Kuppel vom sog. **„Dom der Theodora" in Mor Gabriel**

In der **Krypta** von Mor Gabriel

Der renovierte **Kirchenraum** in Mor Gabriel

Solar Energie wird auch verwendet

Die neue Küche im Kloster

Lausanner Vertrag von 1923

– ein wichtiges Dokument für die nicht-muslimischen Minderheiten in der Türkei

2

Der alte **Pfarrer von Urdnus (Arnas)**, lebt heute in Schweden, im Sommer in seinem Dorf.

2

Lausanner Vertrag von 1923

– ein wichtiges Dokument für die nicht-muslimischen Minderheiten in der Türkei

Einführung

Der Friedensvertrag von Lausanne (24. Juli 1923), beschlossen vom früheren Völkerbund, enthält in der Sektion III Aussagen zum Schutz der „nicht-muslimischen Minderheiten" in der Türkei, sowohl von Gruppen als auch Einzelner. Zu diesen Minderheiten gehören auch die religiösen, also auch die christlichen Minderheiten. Die Texte des Vertrages, für deren Durchführung in besonderer Weise die Garantiemächte des Friedensvertrages von Lausanne Großbritannien, Frankreich, Italien und Japan verpflichtet wurden, enthält in den Artikeln 37 - 45 wichtige Bestimmungen, die den Schutz der Minderheiten in der Türkei festlegen.

Wichtig ist, ...

... dass in den Texten des Vertrages von 1923 keine Namen von Minderheiten genannt werden, wie es in heutigen Diskussionen immer wieder zu hören ist, nicht zuletzt auch von türkischer Seite. Da werden dann die Namen von Armeniern, Griechen und Juden genannt. Im ursprünglichen Text von 1923 wird aber nur von „nicht-muslimischen Minderheiten" gesprochen.

Die Artikel 38 - 43 enthalten die materiellen rechtlichen Regelungen. Artikel 37 enthält die Verpflichtung der Türkei, die in den Artikeln 38 - 43 genannten Regelungen als „Grundgesetz", also für die Verfassung verpflichtend, anzuerkennen. In Art. 44 anerkennt die Türkei die in Sektion III genannten Bestimmungen als internationale Verpflichtung, die unter die Garantie des Völkerbundes gestellt werden.

In der Nachfolge des Völkerbundes ging diese Verantwortung auf die UNO und ihre Gremien über. Es sollte in der Verantwortung des Generalsekretärs und aller UN Mitglieder, zusammen mit den früheren Garantiemächten liegen, in Übereinstimmung mit Artikel 44 des Vertrages auf Verstöße gegen die Bestimmungen zum Schutze nicht-muslimischer Minderheiten in der Türkei hinzuweisen.

Einige Aussagen aus den Artikeln 37 – 45

- Ausdrücklich erwähnt wird der Schutz von Leben und Freiheit aller Bewohner der Türkei ohne Unterschied der Geburt, Nationalität, Sprache, Rasse oder Religion (Artikel 38).
- Weiter wird die freie Berufswahl betont. Niemand darf an der Wahl eines Berufes auf Grund von Unterschieden in Religion, Weltanschauung oder Kon-

fession gehindert werden (Artikel 39 §3).

- In Art. 38 §2, Art. 40 und Art. 42 §5 wird die Religionsfreiheit und die freie Ausübung des religiösen Glaubens zugesichert mit den Konsequenzen, soziale, karitative und schulische Einrichtungen aufzubauen und zu unterhalten. Die jeweiligen Gotteshäuser werden unter den Schutz der türkischen Regierung gestellt.
- In Artikel 41 wird die Freiheit der Ausbildung unterstrichen, sogar unter Mitwirkung des türkischen Staates. Ausdrücklich wird hier zugesichert, dass der türkische Staat in Städten mit großen Anteilen nicht-muslimischer Minderheiten den öffentlichen Unterricht mit organisiert.
- In Artikel 44 steht die Zusicherung der Türkei, diese Bestimmungen als internationale Verpflichtung unter der Garantie des Völkerbundes anzuerkennen. Zugleich wird betont, dass jedes Mitglied des Rates Verstöße gegen diese Bestimmungen nennen kann, die dann von der Türkei geklärt werden müssen.

Einige Fragen müssen erlaubt sein:

- Stehen diese Bestimmungen nur auf dem Papier oder gibt es Hinweise, die eine Umsetzung andeuten?
- Toleranz und Gleichberechtigung werden in diesen Bestimmungen für alle gefordert, die in der Türkei leben. Wie ernst nimmt die Türkei diese wichtigen Forderungen?

Brücke über den Tigris bei Omid (Diyarbakir) (Aufnahme im Jahr 1984)

- Wann haben die Verantwortlichen der UNO in der Folge des früheren Völkerbundes von ihrem Recht Gebrauch gemacht, Verstöße gegen diese Bestimmungen beim Namen zu nennen und sie international anzuprangern?
- Welche Bedeutung haben diese Bestimmungen insgesamt für die heutige Türkei, die einen großen Reichtum an nicht-muslimischen Minderheiten mit langer Geschichte, reicher Kultur und vielfältigen Religionsausprägungen hat?

Bis zum Beweis des Gegenteils behaupte ich: Die Sektion III des Friedensvertrages von Lausanne zeigt mit ihren Bestimmungen der Artikel 37 - 44 einen klaren Weg, wie der Umgang mit Minderheiten aussehen sollte – nicht nur für damals, auch für heute und morgen. Hier liegt der Schlüssel zum inneren und äußeren Frieden und auch der Weg, dass Minderheiten die heutige Türkei, deren Staatsbürger sie sind, als ihre Heimat erkennen und dann auch ihre Menschenrechte bekommen, die so oft von der Türkei nicht beachtet werden. Der Turabdin mit seinen ethnischen und religiösen Minderheiten hätte in den letzten Jahren nicht so gelitten, wären diese Bestimmungen Realität gewesen. Diese Aussage gilt auch für andere Minderheiten. Auf dem Weg in die Europäische Gemeinschaft wird die Türkei sich wieder neu auf diese wichtigen Bestimmungen besinnen und sie mit Leben füllen müssen, sonst wird die Tür zur EU bestimmt geschlossen bleiben.

Zwischen Midyat und Nisibis findet man jenseits der Straße viele Steine, aber auch **drei Steinbögen** – Hinweis darauf, dass die ganze Gegend einmal christlich war.

Der Vertrag von Lausanne und die Position der syrischen Christen in diesem Vertrag

Vorbemerkung

Dieser Bericht, der von den Verantwortlichen der beiden Klöster Deyrulzafaran und Mor Gabriel verfasst wurde, ist Teil des „Ersuchens um Schutz für die syrischen Christen und für ihr kulturelles Erbe im Turabdin". Es wurde am 12.09.2006 dem Menschenrechtsbeauftragten der Türkischen Nationalversammlung Mehmet Elkatmis aus Ankara bei seinem Besuch im Turabdin von den beiden Erzbischöfen Timotheos Samuel Aktaş, Mor Gabriel und Philoxinos Saliba Özmen, Deyrulzafaran übergeben. Es ist eine authentische Beurteilung der Bestimmungen von Lausanne (§37 - §45) von den Verantwortlichen im Turabdin auf dem Hintergrund der Erfahrungen, die die Minderheit der syrischen Christen im Turabdin gemacht hat und noch macht. Im Folgenden wird nicht der ganze Artikel wiedergegeben, sondern lediglich Ausschnitte.

Verfasst wurde dieses Papier in Türkisch. Ins Deutsche übersetzt wurde es vom Übersetzungsbüro Issa Hanna / Gabriel Altun, Augsburg; überarbeitet wurde es von: PD Dr. Shabo Talay, Erlangen.

„Wie allgemein bekannt, erteilt der Vertrag von Lausanne den nicht-muslimischen Gruppen der Türkei einen Minderheitenstatus. Dieser Status steht über den Rechten, die durch die Kopenhagener Dokumente anerkannt worden sind. Die Kopenhagener Dokumente bestimmen nicht den Status der Minderheiten, sondern räumen vielmehr jeder Person die kulturellen Rechte ein, sofern sie einer Minderheit angehört.

Die Türkische Republik betont immer wieder, dass in Lausanne nur die Nichtmuslime als Minderheit anerkannt worden sind, und dass es außer diesen keine weiteren Minderheiten in der Türkei gebe. Deshalb hätten nur nicht-muslimische Minderheiten diese Rechte bekommen. ... Die grundlegende Frage, auf die der Minderheitenausschuss bei der Analyse der Lausanner Protokolle stieß, war die, für welche Kategorie von Menschen die Regelungen gelten sollten, in denen der Minderheitenschutz garantiert ist. Der Minderheitenausschuss vertrat zunächst die Ansicht, dass alle ethnischen Minderheiten, neben den Nichtmuslimen, auch Muslime, wie Kurden, Tscherkessen und Araber von den Minderheitenschutzregelungen profitieren sollten. Aber durch den Widerstand des türkischen Komitees und durch die Aussage: „unter dem muslimischen Bevölkerungsanteil der Türkei dürfen keine Unterschiede wegen ihrer Ethnien gemacht werden" von Ismet Inönü, mit der er eine Diskussion diesbezüglich strikt ablehnte, wurde schließlich festgelegt, dass nur für nicht-muslimische Minderheiten diese Schutzregelungen gelten sollten.

Wie oben geschildert, wurde in Lausanne das Kriterium für einen Minderheitsstatus mit „nicht-muslimisch" festgesetzt. Wenn wir allerdings die praktische Durchführung dieser Regelungen verfolgen, sehen wir, dass die Türkische Republik und ihre Staatsorgane nur die Griechen, Armenier und Juden als Minderheiten anerkennen. Nur diesen drei Gruppen wird die Möglichkeit eingeräumt, von diesen Rechten Gebrauch zu machen.

Einige Institutionen des Staates definieren die Minderheiten nach Lausanner Kriterien als Griechen, Armenier, Juden, Bulgaren, Georgier, Syrer (syrisch-orthodoxe Christen) und Chaldäer – zum Beispiel die Generaldirektion für die Stiftungen. Von diesen am 24.01.2003 veröffentlichten „Ausführungsbestimmungen über den Immobilienkauf der religiösen Stiftungen, Verwerten dieser Immobilien und die Eintragung unter den Namen dieser Stiftungen befindlichen Immobilien" wurde die zweite Version berücksichtigt. In diesem Schreiben über die Ausführungsbestimmungen wurden alle Stiftungen namentlich benannt, denen nach den Kriterien des Vertrags von Lausanne ein Minderheitenrecht zusteht. Diese namentlich genannten Stiftungen sind die Stiftungen der Religionsgemeinschaften der Griechen, Armenier, Juden, Bulgaren, Georgier, Syrer (syrisch-orthodoxe Christen) und Chaldäer. Zwölf von diesen namentlich genannten Stiftungen gehören den Syrern (syrisch-orthodoxe Christen) und Chaldäern. Obwohl diese Angelegenheit nur wegen einer Auflistung der Stiftungen ans Licht getreten ist, bewerten wir diesen Schritt, wegen der Übereinstimmung mit den Kriterien von Lausanne, als eine gute Entwicklung.

Kommen wir nun zu den syrischen Christen zurück: Auf die Frage, wieso die syrischen Christen von den Minderheitenrechten nach dem Lausanner Vertrag keinen Gebrauch machen dürfen, antworten die offiziellen staatlichen Stellen, dass diese Religionsgemeinschaft bei der Gründung der Türkischen Republik auf diese Rechte verzichtet habe. Dies ist eine völlig erfundene Behauptung. Selbst wenn tatsächlich solch ein Verzicht auf die Minderheitenrechte ausgesprochen worden wäre, wäre das juristisch ungültig. Denn die Minderheitenrechte gehören seit Hobbes (1588 – 1679) zu den individuellen Rechten jeder einzelnen Person. Auch wenn diese Rechte kollektiv verwendet werden, gehören sie nicht einer Gruppe (als Ganzes), sondern den einzelnen Menschen (einer Gruppe). Die Gruppe (als Ganzes) hat keine Rechte. Folglich kann der Vorsitzende oder Leiter der Gruppe, der eine Person angehört, nicht auf die Rechte dieser Person verzichten. Insbesondere wenn dieses Recht in einem internationalen Vertrag verbrieft und in diesem auch betont wurde, dass es auf keinen Fall aufgehoben werden dürfe. ...

In keinem Paragraphen des Lausanner Vertrages steht, dass nur Griechen, Armenier und Juden als Minderheiten gelten sollen. Deswegen verstoßen Ansichten und Aktionen, die davon ausgehen, dass die syrischen Christen nicht als eine Minderheit zählen, eindeutig gegen Text und Geist des Lausanner Vertrags. Obwohl die syrischen Christen ein nicht-muslimisches

Volk sind, dürfen sie keine Schulen eröffnen.

Weil sie keine Griechen oder Armenier sind, werden sie auch daran gehindert, die Schulen dieser Gemeinschaften zu besuchen. Dem Lausanner Vertrag zum Trotz wurde ihnen das Recht vorenthalten, in ihrer Sprache zu unterrichten. Es ist eine rein politische Haltung, den syrischen Christen, dem ersten christlichen Volk Mesopotamiens, ihre durch ein internationales Abkommen, wie dem Vertrag von Lausanne, erworbenen positiven Rechte zu verweigern. Aber diese politische Haltung und Wirklichkeit stehen dem Lausanner Vertrag entgegen.

So betrachtet macht die Türkische Republik Unterschiede zwischen ihren in gleichem Zustand befindlichen, unter gleichen juristischen Gegebenheiten stehenden und mit den gleichen Eigenschaften ausgestatteten Bürgern des Staates. Sie gewährt den durch den Lausanner Vertrag festgelegten Status an manche nicht-muslimischen Bürger; und wiederum enthält sie manchen anderen Bürgern diesen Status vor. Die Türkei verletzt mit dieser Praxis neben dem Lausanner Vertrag auch §14 der Europäischen Menschenrechtskonvention, sowie auch §10 der Verfassung der Türkischen Republik. Diese Situation, die unter den syrischen Christen für Besorgnis und Unruhe sorgt, wurde auch im Fortschrittsbericht der Europäischen Union vom 05.11.2003 angesprochen. Dies wird im Fortschrittsbericht der Europäischen Union vom 06.10.2004 wiederholt. Es ist ein Kritikpunkt, dass die syrischen Christen als nicht-muslimische Minderheit immer noch keine Erlaubnis zur Eröffnung eigener Schulen bekommen. ...

Der Lausanner Vertrag ist ein internationales Abkommen und bringt für den nicht-muslimischen Bürger positive Rechte mit sich. Das heißt, zusätzlich zu den Rechten, die für alle Bürger da sind, räumt der Vertrag für Minderheiten international garantierte Rechte ein, um ihre Identität und Kultur weiterführen und leben zu können. Aus diesem Grund steht die Bedeutung des Lausanner Vertrages für die Minderheiten nicht zur Diskussion. ...

Es ist notwendig, dass die Türkische Republik den Lausanner Vertrag, der ein Dokument für die Rechte von Minderheiten, aber auch generell für Menschenrechte bedeutet, ohne alle Vorurteile, für alle vom Vertrag umfassten Bürger (Griechen, Armenier, Juden, Bulgaren, Georgier, Syrer (syrisch-orthodoxe Christen) und Chaldäer), nämlich für alle Nichtmuslime anwendet. Genauso ist es notwendig, dass sie alle Handlungen und Bestimmungen ändert, die im Widerspruch zu dem Lausanner Vertrag stehen und alle in der Praxis vorliegenden Hürden abschafft. Wir sind der Meinung, dass die wörtliche und aufrichtige Anwendung des Lausanner Vertrags für alle Bürger, die er umfasst, den ersten Schritt für die Türkei darstellt, zu einem multikulturellen, auf dem Respekt für die Menschenrechte basierenden, demokratischen und laizistischen Rechtsstaat zu werden. Die vollständige und vorbehaltlose Einhaltung des Lausanner Vertrages für

Ein altes **Steinkreuz** in Hah

alle Betroffenen wird auch die Bemühungen der Türkei um die Vollmitgliedschaft in der Europäischen Union sehr beschleunigen und viele bestehende Konflikte zwischen der Europäischen Union und der Türkei aus dem Weg räumen. ..."

Erzbischof Timotheos Samuel Aktaş, Mor Gabriel und Erzbischof Philoxinos Saliba Özmen, Deyrulzafaran

Summary

The 1923 Treaty of Lausanne is a very important document for the non-Muslim minorities in Turkey. Why? In this treaty all the rights were laid down for this group. These rights are mentioned in the articles 37 – 45. For me it is a frame to establish good relations among the various ethnic and religious groups and to live in a big community with different traditions and religions and cultures. The treaty was passed by the League of Nations, the predecessor of the United Nations (UNO). Examples of the rights granted are the following: Freedom of religion, everybody is free to practise his religion, people can build up schools and churches, everybody can speak his language, the state of Turkey is responsible for the protection of its inhabitants. Protection doesn't depend on nationality, religion or race.

This treaty is very important to me; I think that all the problems of recent years and of the present depend on these instructions. The Syriac Christians in Turkey are not granted these rights, therefore they are without any rights, although they belong to the non-Muslim minorities and they are entitled to be granted these rights and the protection of the state.

At the end of this chapter you can read the articles 37 – 45 in German and English.

Lausanner Vertrag (21. Juli 1923) über den "Schutz von nicht-muslimischen Minderheiten"

Sektion III – Artikel 37 – 45 – deutsche Übersetzung

Artikel 37

Die Türkei verpflichtet sich zur Anerkennung der in Artikel 38 bis 44 festgelegten Bedingungen als Grundgesetze, kein Gesetz, keine Verordnung oder offizielle Handlung darf diese Bedingungen beeinträchtigen oder verletzen.

Artikel 38

Die Türkei verpflichtet sich, den umfassenden Schutz des Lebens und der Freiheit aller Bewohner der Türkei zu garantieren, ohne Ansehen der Geburt, Nationalität, Sprache, Rasse oder Religion.
Alle Bewohner der Türkei haben das Recht auf völlige Freizügigkeit, sei es öffentlich oder privat, auf freie Religionsausübung jeglichen Glaubens, sofern sie nicht der Öffentlichen Ordnung und den guten Sitten zuwiderläuft.
Nicht-muslimische Minderheiten sol-

len völlige Freizügigkeit und das Recht auf Emigration genießen, angewendet auf die gesamte sowie Teile des Territoriums der Türkei, auf alle, die die türkische Staatsangehörigkeit besitzen und die von der türkischen Regierung zur nationalen Verteidigung oder Aufrechterhaltung der Öffentlichen Ordnung herangezogen werden können.

Artikel 39

Türkische Staatsbürger, die nicht-muslimischen Minderheiten angehören, sollen die gleichen bürgerlichen und politischen Rechte genießen wie Moslems.

Alle Bewohner der Türkei, ohne Unterschied der Religion, sollen vor dem Gesetz gleichberechtigt sein. Religiöse Glaubens- oder konfessionelle Unterschiede dürfen nicht zur Benachteiligung eines türkischen Staatsbürgers führen, sei es im Bezug auf die bürgerlichen oder politischen Rechte, oder beispielsweise betreffs der Zulassung zu öffentlichen Ämtern, Funktionen oder Ehren, oder in der Ausübung von Berufen und Handwerken.

Kein türkischer Staatsbürger darf einer Beschränkung beim Gebrauch irgendeiner Sprache im persönlichen Verkehr, im Handel, der Religion, in der Presse oder Veröffentlichungen jeglicher Art oder öffentlichen Versammlungen unterliegen.
Ungeachtet der Existenz der offiziellen Sprache, muss den türkischen Staatsbürgern, die nicht Türkisch sprechen, die Möglichkeit gegeben werden, vor den Gerichten mündlichen Gebrauch von ihrer eigenen Sprache zu machen.

Artikel 40

Türkische Staatsangehörige, die nicht-muslimischen Minderheiten angehören, sollen die gleiche Behandlung und Sicherheit sowohl nach dem Recht wie in der Praxis genießen, wie die anderen türkischen Staatsbürger. Insbesondere sollen sie gleichberechtigt sein, auf ihre eigenen Kosten religiöse und soziale Institutionen zu errichten, zu verwalten und zu kontrollieren, wie Schulen und andere Erziehungseinrichtungen, mit dem Recht, ihre eigene Sprache zu gebrauchen und darin ihre eigene Religion frei ausüben zu können.

Artikel 41

Wie die öffentliche Anweisung vorsieht, wird die türkische Regierung garantieren, dass in den Städten und Bezirken, wo eine beachtliche Anzahl von Nicht-Muslimen leben, angemessene Erleichterungen für die Einrichtung von Elementarschulen gegeben werden, indem der Schulunterricht für solche Kinder in ihrer eigenen Sprache ermöglicht werden soll. Diese Bestimmung soll jedoch die Türkische Regierung nicht daran hindern, dass der türkische Sprachunterricht in den genannten Schulen obligatorisch sei.

In Städten und Bezirken, wo der Anteil der türkischen Staatsbürger, die nicht-muslimischen Minderheiten angehören, beachtlich ist, soll diesen Minderheiten garantiert werden, dass sie gleichmäßig in den Genuß der öffentlichen Mittel kommen, die vom Staat, der Gemeinde oder aus anderen Budgets zu Unterrichts-, Re-

ligions- oder mildtätigen Zwecken ausgegeben werden.
Die in Rede stehenden Gelder sollen befähigten Vertretern von Einrichtungen und Institutionen, denen sie zugute kommen sollen, ausgehändigt werden.

Artikel 42
Die türkische Regierung verpflichtet sich in Bezug auf nicht-muslimische Minderheiten anzuerkennen, dass diese ihr Familienrecht oder Personalstatus in Übereinstimmung mit den dieser Minderheit eigenen Vorschriften regeln.

Diese Vorschriften werden von besonderen Kommissionen ausgearbeitet, die sich zusammensetzen aus Vertretern der türkischen Regierung und Vertretern jeder Minderheit in gleicher Anzahl. Im Falle von Abweichungen wird die türkische Regierung und der Völkerbundsrat übereinstimmend einen Schiedsrichter benennen, der unter den europäischen Rechtsgelehrten ausgewählt wird.

Die türkische Regierung verpflichtet sich, den Kirchen, Synagogen, Friedhöfen und anderen religiösen Einrichtungen der oben erwähnten Minderheiten, völligen Schutz zu garantieren. Die gesamte Vollmacht wird den religiösen Stiftungen garantiert, sowie den religiösen und gemeinnützigen Institutionen der genannten Minderheiten, die gegenwärtig in der Türkei existieren, und die türkische Regierung wird die Bildung neuer religiöser und gemeinnütziger Institutionen sowie aller notwendigen Schritte, die anderen privaten Institutionen dieser Art garantiert sind, nicht ablehnen.

Artikel 43
Türkische Staatsangehörige, die nicht-

Kafro Elayto, der Geburtsort des verstorbenen **Erzbischofs Julius Jesu Çiçek von Mitteleuropa** – oben: sein Elternhaus

muslimischen Minderheiten angehören dürfen nicht zur Verrichtung einer Handlung gezwungen werden, die eine Verletzung ihres Glaubens oder ihrer religiösen Vorschriften darstellt, sie sollen keine Nachteile haben, wenn sie es ablehnen, vor dem Gericht zu erscheinen oder Geschäfte abzuschließen, weil diese auf ihren Ruhetag fallen.

Diese Anordnung soll aber diese türkischen Staatsangehörigen nicht von solchen Verpflichtungen befreien, denen alle türkischen Staatsangehörigen unterliegen zur Aufrechterhaltung der Öffentlichen Ordnung.

Artikel 44

Die Türkei erklärt sich damit einverstanden, dass die vorhergehenden Artikel dieser Sektion betreffend die nichtmuslimischen Nationen in der Türkei, als Anordnungen internationale Verpflichtungen darstellen und unter die Garantie des Völkerbunds fallen.

Sie sollen nicht abgeändert werden, ohne die Zustimmung der Mehrheit des Völkerbundes. Großbritannien, Frankreich, Italien und Japan erklären sich hiermit einverstanden, ihre Zustimmung zu irgendeiner Abänderung dieser Artikel nicht vorzuenthalten, wenn dies von der Mehrheit des Völkerbundes gewünscht wird.

Die Türkei erklärt sich einverstanden damit, dass jedes Völkerbundmitglied das Recht hat, eine Verletzung oder Bedrohung durch Verletzung dieser Verpflichtungen vor den Völkerbund zu bringen und dass der Rat in Bezug darauf Handlungen vornehmen und Anweisungen geben kann, die den Umständen entsprechend angemessen erscheinen.

Weiter erklärt sich die Türkei damit einverstanden, dass irgendwelche Meinungsverschiedenheiten bezüglich Rechtsfragen oder Tatsachen betreffs dieser Artikel zwischen der türkischen Regierung und jedem der anderen Signatarmächte oder anderer Staaten, die Völkerbundratsmitglieder sind, in internationalem Rahmen diskutiert werden, wie es der Artikel 14 des Völkerbund-Beschlusses vorsieht.

Die türkische Regierung stimmt zu, dass solche Diskussionen, wenn die andere Partei es verlangt, vor den internationalen Gerichtshof gebracht werden. Die Entscheidung dieses Gerichtshofes ist endgültig und soll genauso in Kraft treten wie ein Urteil nach Artikel 13 des Beschlusses.

Artikel 45

Die in der vorliegenden Sektion behandelten Rechte betreffs der nicht-muslimischen Minderheiten in der Türkei sollen gleichermaßen von Griechenland auf die muslimische Minderheit in ihrem Territorium angewandt werden.

The Treaty of Lausanne
– English translation of Section III.

PROTECTION OF MINORITIES

ARTICLE 37

Turkey undertakes that the stipulations contained in Articles 38 to 44 shall be recognised as fundamental laws, and that no law, no regulation, nor official action shall conflict or interfere with these stipulations, nor shall any law, regulation, nor official action prevail over them.

ARTICLE 38

The Turkish Government undertakes to assure full and complete protection of life and liberty to ail inhabitants of Turkey without distinction of birth, nationality, language, race or religion.

All inhabitants of Turkey shall be entitled to free exercise, whether in public or private, of any creed, religion or belief, the observance of which shall not be incompatible with public order and good morals.

Non-Moslem minorities will enjoy full freedom of movement and of emigration, subject to the measures applied, on the whole or on part of the territory, to all Turkish nationals, and which may be taken by the Turkish Government for national defence, or for the maintenance of public order.

ARTICLE 39

Turkish nationals belonging to non-Moslem minorities will enjoy the same civil and political rights as Moslems.
All the inhabitants of Turkey, without distinction of religion, shall be equal before the law.

Differences of religion, creed or confession shall not prejudice any Turkish national in matters relating to the enjoyment of civil or political rights, as, for instance, admission to public employments, functions and honours, or the exercise of professions and industries.

No restrictions shall be imposed on the free use by any Turkish national of any language in private intercourse, in commerce, religion, in the press, or in publications of any kind or at public meetings.
Not withstanding the existence of the official language, adequate facilities shall be given to Turkish nationals of non-Turkish speech for the oral use of their own language before the Courts.

ARTICLE 40

Turkish nationals belonging to non-Moslem minorities shall enjoy the same treatment and security in law and in fact as other Turkish nationals. In particular, they shall have an equal right to establish, manage and control at their own expense, any charitable, religious and social institutions, any schools and other establishments for instruction and education, with the right to use their own language and to exercise their own religion freely therein.

ARTICLE 41

As regards public instruction, the Turkish

Government will grant in those towns and districts, where a considerable proportion of non-Moslem nationals are resident, adequate facilities for ensuring that in the primary schools the instruction shall be given to the children of such Turkish nationals through the medium of their own language. This provision will not prevent the Turkish Government from making the teaching of the Turkish language obligatory in the said schools.

In towns and districts where there is a considerable proportion of Turkish nationals belonging to non-Moslem minorities, these minorities shall be assured an equitable share in the enjoyment and application of the sums which may be provided out of public funds under the State, municipal or other budgets for educational, religious, or charitable purposes.

The sums in question shall be paid to the qualified representatives of the establishments and institutions concerned.

ARTICLE 42

The Turkish Government undertakes to take, as regards non-Moslem minorities, in so far as concerns their family law or personal status, measures permitting the settlement of these questions in accordance with the customs of those minorities.

These measures will be elaborated by special Commissions composed of representatives of the Turkish Government and of representatives of each of the minorities concerned in equal number. In case of divergence, the Turkish Government and the Council of the League of Nations will appoint in agreement an umpire chosen from amongst European lawyers.

The Turkish Government undertakes to grant full protection to the churches, synagogues, cemeteries, and other religious establishments of the above-mentioned minorities. All facilities and authorisation will be granted to the pious foundations, and to the religious and charitable institutions of the said minorities at present existing in Turkey, and the Turkish Government will not refuse, for the formation of new religious and charitable institutions, any of the necessary facilities which are guaranteed to other private institutions of that nature.

ARTICLE 43

Turkish nationals belonging to non-Moslem minorities shall not be compelled to perform any act which constitutes a violation of their faith or religious observances, and shall not be placed under any disability by reason of their refusal to attend Courts of Law or to perform any legal business on their weekly day of rest.

This provision, however, shall not exempt such Turkish nationals from such obligations as shall be imposed upon all other Turkish nationals for the preservation of public order.

ARTICLE 44

Turkey agrees that, in so far as the preceding Articles of this Section affect non-Moslem nationals of Turkey, these provisions constitute obligations of international concern and shall be placed under the guarantee of the League of Nations. They shall not be modified without the assent of the majority of the Council of the League of Nations. The British Empire, France, Italy and Japan hereby agree not to withhold their assent to any modification in these Articles which is in due form assented to by a majority of the Council of the League of Nations.

Turkey agrees that any Member of the Council of the League of Nations shall have the right to bring to the attention of the Council any infraction or danger of infraction of any of these obligations, and that the Council may there upon take such action and give such directions as it may deem proper and effective in the circumstances.

Turkey further agrees that any difference of opinion as to questions of law or of fact arising out of these Articles between the Turkish Government and any one of the other Signatory Powers or any other Power, a member of the Council of the League of Nations, shall be held to be a dispute of an international character under Article 14 of the Covenant of the League of Nations. The Turkish Government hereby consents that any such dispute shall, if the other party thereto demands, be referred to the Permanent Court of International Justice. The decision of the Permanent Court shall be final and shall have the same force and effect as an award under Article 13 of the Covenant.

ARTICLE 45

The rights conferred by the provisions of the present Section on the non-Moslem minorities of Turkey will be similarly conferred by Greece on the Moslem minority in her territory.

cs. Official English text printed and published by His Majesty's Stationery Office [London 1923]

The whole text of "1923 Treaty of Lausanne" – in english:
http://wwi.lib.byu.edu/index.php/Treaty_of_Lausanne

Deutscher Text der Art. 37 – 45 siehe:
Gabriele Yonan "Assyrer heute" 1978, Gesellschaft für bedrohte Völker, S. 45 und 46 oder Otmar Oehring „Zur Lage der Menschenrechte in der Türkei – Laizismus= Religionsfreiheit?", 2001, missio, S. 42 (Anhang)

Dunkle Wolken über dem Turabdin

3

Rückblick auf das letzte Jahrzehnt des 20. Jahrhunderts

Ein reich verziertes Grab; die **Grabstelle des ermordeten Bürgerrmeisters Circis Yüksel** aus Kelith (1992) wurde später erneuert.

3

Dunkle Wolken über dem Turabdin

Rückblick auf das letzte Jahrzehnt des 20. Jahrhunderts

Der Turabdin ist eines der ältesten Zentren des Christentums. Die alten Kirchen in den Dörfern, die aus dem 4. – 7. Jahrhundert stammen, und die Klöster, vor allem Mor Gabriel, das geistliche Zentrum der syrischen Christen und heute auch Sitz des Erzbischofs Timotheos Samuel Aktaş, sind sichtbare Zeichen einer langen, oft auch sehr leidvollen Geschichte. Zugleich sind sie Hinweise auf eine alte und reiche Kultur. Lebten im Turabdin in den 60er Jahren noch über 100.000 Christen, so sind es im Jahr 2009 nur noch 2140 Christen (Auskunft vom Kloster Mor Gabriel und Kloster Deyrulzafaran, Dezember 2009). Viele Familien sind in den letzten Jahren geflohen

Das **Grab von Circis Yüksel** in Kelith (Foto von 1994)

und haben ihrer Heimat den Rücken gekehrt. Der Turabdin scheint auszubluten. Die syrischen Christen sind zerstreut in der ganzen Welt.

Das letzte Jahrzehnt im letzten Jahrhundert, also die Zeit zwischen 1990 und 2000 war nach meiner Einschätzung das wohl dunkelste und traurigste Jahrzehnt in der jüngsten Geschichte des Turabdin und in der jüngsten Kirchengeschichte der Syrisch-Orthodoxen Kirche. Ich greife nur dieses Jahrzehnt heraus wohl wissend, dass die „dunklen Wolken" schon in den Jahren davor aufzogen. Aber in diesem letzten Jahrzehnt des 20. Jhd. hörten die traurigen Nachrichten nicht auf.

In jenem Jahrzehnt gab es immer wieder Angriffe, die gegen die Christen als ethnische und religiöse Minderheit gerichtet waren. Die Menschenrechte wurden den Christen vorenthalten. Die Verantwortlichen in den Dörfern waren immer wieder Zielscheibe von Überfällen. Menschen wurden umgebracht oder entführt, Bewohner von Dörfern wurden vertrieben, Familien flohen und verließen ihre Heimat. Der Weg führte sie ins westliche Ausland.

In jenen Jahren wurde auch die Frage diskutiert angesichts der vielen Flüchtlinge, die sich seit den 80er Jahren im westlichen Ausland ansiedelten: Wo liegt die Zukunft der syrischen Christen? Im Turabdin oder in der Diaspora, also im Ausland? Zugleich brach die Frage auf: Haben wir es in einem der ältesten Zentren des Christentums jetzt mit einer „sterbenden Kirche" zu tun, deren Mitglieder stolz sind auf ihre über 1600 jährige Geschichte und auf ihre Muttersprache – die Christen sprechen einen Dialekt des Aramäischen, der Muttersprache Jesu?

Fehlende Sicherheit, faktische Rechtlosigkeit und Angst kennzeichneten vor allem in den Jahren 1990 - 2000 die Situation im Turabdin. Die Überfälle auf Christen wurden von türkischen Gerichten weder verfolgt noch aufgeklärt. Die Täter wurden nie gefasst und bestraft. Die Täter blieben im Dunkeln. Oft kann nur vermutet werden, wer hinter diesen Überfällen und Angriffen steckte: War es der türkische Geheimdienst, waren es beauftragte Mitglieder der „Dorfschützer", jener „paramilitärischen Gruppe", die vor allem aus Kurden bestand, die von der Türkei angeheuert und bezahlt wurden, waren es Mitglieder

Das **Grab des ermordeten Arztes Dr. Tanriverdi** in Midyat

der PKK, waren es Angehörige der islamistischen Hisbollah, die sich in jenen Jahren stark im Südosten der Türkei festsetzten und an Einfluss gewannen, oder sind die Täter noch an ganz anderen Stellen zu suchen? Für mich war und ist dies ein deutliches Beispiel für die faktische Rechtlosigkeit der Christen in einer äußerst angespannten Situation.

Beispiele aus jenen Jahren

- Im Februar 1993 wurde Lahdo Barinc, der Lehrer aus dem Dorf Midun entführt. Er kam erst nach vielen Monaten wieder frei. Ein hohes Lösegeld musste bezahlt werden. Aus dem gleichen Dorf wurde im Januar 1994 Abuna (Pfarrer) Melki Tok entführt, der nach vier Tagen wieder frei kam.
- Im November 1993 mussten die Christen vom Dorf Hassana auf Befehl des türkischen Militärs ihr schönes Dorf verlassen. In der Nähe wurde ein PKK Camp im Gebirge vermutet. Das Dorf wurde Sperrgebiet und verkümmerte, weil kein Leben mehr im Dorf war.

Besuch im **Dorf Hassana** 1991

- Im September 1992 wurde der Bürgermeister Circis Yüksel aus Kelith (Killit) ermordet. Konsequenz war, dass viele Familien ihr Dorf verließen, weil sie Angst hatten.
- Im Januar 1993 gab es einen Überfall auf zwei Kleinbusse, dem fünf Christen und zwei Yeziden zum Opfer fielen. Zwei Christen kamen aus Augsburg. Sie waren auf Besuch in ihrer Heimat.
- In den Jahren 1993 und 1994 wurde das Dorf Marbobo an der Syrischen Grenze von der Hisbollah, deren Mitglieder in Marbobo vermummt waren, zwei Jahre lang tyrannisiert. Unruhe und Angst wurden in dieses Dorf getragen. Es kam auch zu Schießereien und es gab Tote.
- Im Februar 1994 wurde Yakub Mete ermordet. Er war einer der Bürgermeister in Midyat.
- Im Juni 1994 wurde der ehemalige Oberbürgermeister von Beth Zabday (Idil) Sükrü Tutus umgebracht.
- Am vierten Advent 1994 wurde kurz vor Mitternacht der christliche Arzt in

Ein **Steinbogen** auf dem Kloster Gelände von Mor Yacob, vermutlich aus dem 4. Jhd. v. Chr. (Foto: 1981)

Midyat Dr. E. Tanriverdi vor seiner Haustür erschossen.

Sie, die Opfer und auch die anderen, die hier nicht genannt wurden, mögen im Frieden ruhen. Sie sind nicht vergessen. Gott sei mit ihnen und ihren Familien.

Diese Beispiele stehen für viele weitere Morde und Übergriffe, die jetzt nicht genannt wurden. Die Trauer um betroffene Angehörige einer Familie, Bewohner eines Dorfes im Turabdin und Mitglied der gesamten Gemeinschaft im Turabdin kam in jenen Jahren kaum zur Ruhe. Wie ein Schatten begleitete die Menschen die Trauer um verlorene Menschen, die zu ihnen gehörten. Zugleich wird auch deutlich, wie diese Vorfälle, die nie aufgeklärt wurden, die rechtlose Situation der Christen kennzeichneten. Fehlende Sicherheit und Rechte, Angst und Perspektivlosigkeit breiteten sich immer mehr im Turabdin aus und ließen viele Bewohner mit dem Gedanken spielen: Sollen wir bleiben oder flüchten?

Summary

The heading is „Dark clouds above Turabdin". I have chosen this title, because I think that the time between the years 1980 and 2000 was the darkest period in the latest history of the Syriac Christians, especially the years from 1990 to 2000. Why was this so?

In these years many inhabitants of Turabdin left their homes and fled to a Western country. They didn't receive any protection from the state; they were discriminated against by groups which didn't like the Christians; the families were afraid of attacks and abductions; they got problems to run their small schools; they had no perspectives.

Therefore they left their homes. In these years some people, who held responsibility in the community, were assassinated by members of PKK or by the Secret Service or by so called "village protectors".

The state didn't do anything to find the perpetrators and to punish them. During that time I often had the feeling that the Syrians didn't stand a chance of surviving in Turabdin. Nobody tried to find the trouble makers and nobody called them to account.

The troubles in the families and in the villages and in the whole Christian community of Turabdin didn't come to an end, they persisted all the time. It was a very difficult time for everybody. Sometimes strength disappeared and hope was lost in despair. At last, at the beginning of the new century the situation began to improve.

Schulen
– ein Dauerproblem im Turabdin

Schüler in Midun

4

Schulen

– ein Dauerproblem im Turabdin

Immer wieder gab es Probleme mit den Schulen, die im Turabdin vorhanden sind. Fast jedes Dorf, in dem Christen leben, hat eine kleine Dorfschule, die von einem Lehrer (malfono) geleitet wird. Auch in jedem noch bewohnten Kloster gibt es kleinere oder größere „Klosterschulen", die von Malfonos und von Mönchen gestaltet werden. Die Schüler werden in der Muttersprache, in Religion und Kirchengeschichte unterrichtet. Die größte Klosterschule befindet sich im Kloster Mor Gabriel mit jährlich etwa 35 Schülern. Die Jugendlichen kommen aus den umliegenden Dörfern.

Sie leben während der Schulzeit im Kloster wie in einem Internat. Tagsüber besuchen sie in Midyat die staatliche Schule; „christlichen Unterricht" und Sprachunterricht erhalten sie am Wochenende und

Schüler im **Kloster Mor Malki**

während eines Teils ihrer Freizeit.

In der Vergangenheit kam es immer wieder vor, dass eine Dorfschule oder eine Klosterschule vom Staat geschlossen wurde. Der Staat berief sich darauf, dass nach den Bestimmungen der Türkei diese Schulen für Angehörige einer Minderheit nicht erlaubt sind.

Schreiben des Gouverneurs von Mardin im Jahr 1997

Im Oktober 1997 und in den darauf folgenden Monaten stand das „Problem Schule" in besonderer Weise im Mittelpunkt und machte den Verantwortlichen im Turabdin schlaflose Nächte. Dass dieser Dauerbrenner gerade in den 90er Jahren wieder von neuem aufbrach, passt in dieses schwierige und aufregende Jahrzehnt für den Turabdin (vgl. Kapitel 3 „Dunkle Wolken über dem Turabdin"). Was war passiert?

Der Gouverneur von Mardin hatte am 6. Oktober 1997 ein Schreiben an die beiden Klöster Mor Gabriel und Deyrulzafaran gerichtet, in dem ihnen verboten wurde, Gäste aus dem Ausland zu beherbergen und die Kinder in der Muttersprache und im Religionsunterricht zu unterrichten.
Das Unterrichtsverbot hing damals vermutlich mit dem Verbot der Koranschulen in der Türkei zusammen. Der Unterschied zu den Koranschulen lag aber darin, dass alle Schüler der beiden Klöster auch in die staatlichen Schulen geschickt werden. Der Unterricht in den Klöstern betrifft den Religionsunterricht und die syrische Sprache. Deren Kenntnis ist Voraussetzung für die Feier der Liturgie, weshalb ein Verbot der Schulen letztlich bedeutet, dass man den Klöstern die Mitte des geistlichen Lebens wegnimmt.

Nach vielen Gesprächen des Klosters Mor Gabriel und der Diözese Istanbul mit Regierungsvertretern der Türkei, die zu keinem für die Christen im Turabdin positiven Ergebnis führten, wurde das Verbot mit Schreiben vom 7. April 1998 wiederholt, allerdings ohne das Verbot der Aufnahme ausländischer Gäste.

In einem Schreiben vom 05.08.1998 hat Erzbischof Timotheos Samuel Aktaş die Situation aus seiner Sicht wie folgt umschrieben:

„Wir sorgen uns am allermeisten um die Pflege der syrischen Sprache und des Religionsunterrichtes, die die Grundlage unserer Zukunft bilden. Wir sind stolz, in diesem Land auf eine tief verwurzelte Vergangenheit zurückzublicken. Im Bewusstsein dessen haben wir alle unsere Aufgaben und Pflichten gegenüber unserem Staat jederzeit mit Stolz erfüllt.

Durch unseren staatlicherseits unbestimmten rechtlichen Status ist leider die jetzige Situation im Hinblick auf die Zukunft Besorgnis erregend. ... Um die gegenwärtige Lage zu verbessern, ist es unvermeidlich, diese Ungenauigkeit auf dem rechtlichen Weg zu klären".

Was sagt die Rechtslage?

Nach dem Lausanner Vertrag von 1923 Artikel 40 steht es türkischen Staatsbürgern frei, die einer nicht-muslimischen Minderheit angehören, „auf ihre eigenen Kosten religiöse und soziale Institutionen zu errichten, zu verwalten und zu kontrollieren, wie Schulen und andere Erziehungseinrichtungen, mit dem Recht, ihre eigene Sprache zu gebrauchen und darin ihre eigene Religion frei ausüben zu können". Auf dieser völkerrechtlichen Basis, die aus unbekannten Gründen von türkischen Regierungsstellen nur für Griechen, Armenier und Juden angewendet wird, müsste auf die türkische Regierung eingewirkt

Kinder in Bekusyone (Baksiyan)

werden, dass auch den syrischen Christen eigene Schulen erlaubt werden.

Ein Blick auf unsere eigene Situation in Deutschland macht deutlich, dass in etlichen Bundesländern die Einführung eines islamischen Religionsunterrichtes an öffentlichen Schulen diskutiert und gefördert und in einigen Bundesländern sogar schon praktiziert wird. Es wäre angemessen, wenn auch die syrischen Christen in der Türkei die gleichen Rechte bekommen würden, Rechte, die ihnen laut Lausanner Vertrag zustehen.

Ein weiterer Gesichtspunkt ist in den „Allgemeinen Menschenrechten" zu finden. Auch die Türkei ist der „Deklaration" der Allgemeinen Menschenrechte beigetreten, in denen in den Artikeln 18 und 26 verbürgt wird, dass jeder Mensch das Recht auf freie Religionsausübung und Bildung hat. Damit steht das Verbot des Religionsunterrichtes und des Unterrichtes der für den Gottesdienst wichtigen syrischen Sprache in direktem Gegensatz zu den Allgemeinen Menschenrechten.

Ein weiterer Widerspruch ergibt sich daraus, dass das Türkische Ministerium für Tourismus schon wiederholt eingeladen hat, z.B. im Jubiläumsjahr 2000 die christlichen Stätten in der Türkei zu besuchen (vgl. Bericht aus „Turkish Daily News" vom 03.10.1997). Diese Initiativen von offizieller türkischer Seite legen nahe, auch den Turabdin als eines der ältesten Zentren des christlichen Glaubens in diese Einladung mit einzubeziehen. In dieser urchristlichen Region sind nicht nur die alten Kirchen und Klöster erhalten geblieben, sondern sogar die Sprache, die Jesus gesprochen hat. Es ist ein Widerspruch, wenn einerseits zu den christlichen Stätten im Heiligen Jahr 2000 eingeladen wurde, andererseits aber die im Turabdin noch bestehenden christlichen Gemeinden diskriminiert werden.

Information an Kirchenleitungen und Politiker

Politiker in Berlin und Bischöfe unserer Kirchen wurden in Briefen auf dieses Problem hingewiesen. Die Politiker wurden gebeten, mit der türkischen Regierung die Rechtslage für die Schulen der syrischen Christen im Turabdin klar und eindeutig zu klären und auf die Widersprüche der bestehenden Situation hinzuweisen, zumal laut Lausanner Vertrag, Artikel 37 - 45 den nicht-muslimischen Minderheiten die gleichen Rechte zustehen wie den türkischen Staatsbürgern, die Muslime sind. Verlieren die syrischen Christen ihre Schulen, dann sind sie nicht mehr überlebensfähig. Sie wären an ihrer empfindlichsten Stelle ihrer Identität getroffen.

In einem Schreiben des Auswärtigen Amtes vom 11.08.1999 heißt es u.a.: „Das Auswärtige Amt ist ebenfalls besorgt darüber, dass Klöstern im Turabdin die Erteilung von Sprachunterricht ... untersagt wurde. Dieses Verbot, welches eigentlich die Bekämpfung des islamischen Fundamentalismus zum Ziel hatte, trifft die syrisch-orthodoxen Christen besonders hart: Ein Unterrichtsverbot in ihrer Liturgiesprache würde das Ende der syrisch-orthodoxen Glaubensrichtung beschleunigen. Das Auswärtige Amt setzt sich bei den Gesprächen mit türkischen Politikern stets dahingehend ein, dass syrisch-orthodoxe Christen in der Türkei innerhalb ihrer Klostermauern in religiösen und kulturellen Belangen einen Freiraum von staatlichen Eingriffen genießen. ...."

Aus heutiger Sicht kann ich sagen, dass in den letzten Jahren im Bereich Schule keine größeren Probleme entstanden sind. Es ist ruhiger geworden, auch wenn die Verantwortlichen immer damit rechnen müssen, dass der türkische Staat erneut dieses „Dauerproblem" aufgreifen und Öl ins Feuer gießen kann. An der Rechtslage hat sich leider bis heute nichts geändert.

Der Schulunterricht geht weiter ohne große Störungen, hoffentlich auch in den kommenden Jahren!

Summary

The schools are a permanent problem in Turabdin. You find small schools in monasteries and in many villages, too. The biggest school is the monastery-school in Mor Gabriel. Again and again the authorities of the state made trouble in the past. They closed the schools, the teachers were arrested for some days. The authorities didn't like the special lessons in these schools, lessons in their native language and in the Christian religion.

In October 1997 the governor of Mardin sent a letter to Mor Gabriel and Deyrulzafaran with the demand to close the schools and to deny hospitality to visitors from abroad. What a demand! The discussions about these points were difficult and terrible, because the Christian community and especially Archbishop Timotheos and the teachers felt that the state tried to destroy this old minority.

This is a very delicate point for the Christians. The language of Jesus is part of the identity of the Syriac Christians, therefore they need schools to teach their Aramaic language. When they lose their language they cannot worship and read the holy texts in the bible. In the treaty of Lausanne it was decided to permit the non-Muslim minorities to have their own schools in the same way as Muslim groups have schools of their own. Many people – politicians and Bishops and civil rights' groups – protested against this point and helped the Christians to get their right. Every letter was a sign of solidarity for Turabdin!

Turabdin auf die Welterbeliste der UNESCO?

5

Die **Klosterkirche von Mor Hananyo** (Deyrulzafaran)

5 Turabdin auf die Welterbeliste der UNESCO?

Vorbemerkung In den Jahren 1996 – 1998 hat sich die „Solidaritätsgruppe Turabdin" intensiv mit Fragen der „UNESCO-Welterbeliste" beschäftigt. Sie beschloss, alles zu tun, dass Teile des Turabdin auf die „Welterbeliste" aufgenommen werden. Die Überlegungen mündeten in einen Brief, der an den Patriarchen der Syrisch-Orthodoxen Kirche nach Damaskus und an den Erzbischof der Diözese Turabdin geschickt wurde.

Leider gelang es uns damals nicht, sowohl den Patriarchen als auch den Erzbischof vom Turabdin für diese Idee in jener Zeit zu gewinnen. Wir hätten in dieser Aktion eine gute Möglichkeit gesehen, auf die Situation der syrischen Christen hinzuweisen und zugleich den Schutz für den Turabdin durch internationale Gremien zu erhöhen.

Welche Gesichtspunkte waren uns wichtig? Sie sollen im Folgenden verkürzt dargestellt werden:

1. Die Abkürzung UNESCO bedeutet „Organisation der Vereinten Nationen für Erziehung, Wissenschaft und Kultur" (United Nations Educational, Scientific and Cultural Organization). Diese Organisation kümmert sich um das Welt Kulturerbe. Sie hat 1972 ein „Übereinkommen zum Schutz des Kultur- und Naturerbes der Welt" – „Convention for the Protection of the World Cultural and Natural Heritage" – in Paris beschlossen, das von vielen Staaten unterzeichnet wurde. Auch Syrien, die Türkei, Deutschland und Österreich haben diese „Übereinkunft" unterzeichnet. Der Sitz des „World Heritage Centre" ist Paris.

2. In diesem Übereinkommen wird zwischen „Kulturerbe" und „Naturerbe" unterschieden. „Kulturerbe" sind hervorragende Baudenkmäler, Ensembles einzelner oder miteinander verbundener Gebäude und Stätten von außergewöhnlichem Wert.
„Naturerbe" sind bedeutende geologische und biologische Gebiete, die für die Welt erhalten werden sollen.

3. Die UNESCO will Kultur- und Naturerbe schützen, das für die Menschheit von besonderem Wert ist und das der Nachwelt erhalten bleiben soll. Durch die Aufnahme auf die sog. „Welterbeliste" wird dieses Erbe als solches anerkannt und ausgezeichnet. Dadurch wird auch die Weltöffentlichkeit auf

Der Eingang zum **Kloster Mor Malke**

Das renovierte **Kloster Mor Abraham** in der Nähe von Midyat, heute ein Gästehaus

dieses Erbe in besonderer Weise aufmerksam gemacht. Von Seiten der UNESCO können zum Erhalt dieses „Weltkulturerbes" auch Zuschüsse zur Verfügung gestellt werden. Dies geschieht im Rahmen der finanziellen Mittel, die der UNESCO von den Mitgliedsländern zur Verfügung gestellt werden.

4. Es wird kein „Kulturerbe" oder „Naturerbe" an die UNESCO verkauft oder abgegeben, sondern es wird lediglich vom betreffenden Land der Antrag gestellt, das für die Menschheit wichtige Erbe von höchster Ebene aus zu schützen und zu erhalten. Es tritt gleichsam aus der Perspektive des Landes in den Blick der Weltöffentlichkeit und findet auf qualifizierte Weise Beachtung. Zum Beispiel gehört auch die Altstadt von Damaskus als Sitz von Patriarchen und Erzbischöfen, von Bischöfen und vielen kirchlichen Institutionen zum „Welterbe" und steht unter dem Schutz der UNESCO.

Die alte **Klosterkirche Mor Yakub in Salah**, vor einigen Jahren wurde sie renoviert (Foto von 1981)

5. Der Turabdin ist eines der ältesten Gebiete des Christentums und hat daher für die Syrisch–Orthodoxe Kirche, aber ebenso für die weltweite Ökumene eine große spirituelle und kulturelle Bedeutung. Aus diesem Grund sollte nach Meinung der „Solidaritätsgruppe Turabdin" dieses Gebiet auch einen besonderen Schutz erfahren.
Dabei müsste gründlich überlegt werden, ob nur für einen besonderen Teil des Turabdin (z.B. exemplarisch ein Kloster) oder für den ganzen Turabdin (einschließlich des Klosters Dey-

Die sanierte **Klosterkirche von Mor Yakub**

rulzafaran) der Antrag zur Aufnahme in die „Welterbeliste" gestellt werden sollte.

6. Der Turabdin ist aber nicht nur für das Christentum erhaltenswert, weil er eines der ältesten Zentren christlichen Glaubens ist, sondern er ist zugleich ein ganz wichtiger Teil des alten Kulturerbes der Türkei. Aus diesem Grunde müsste die Türkei größtes Interesse daran haben, diesen Teil ihres Landes als „Erbe der Menschheit" schützen zu lassen. Sie müsste aus eigenem, kulturellem Interesse heraus und aus berechtigtem Stolz auf dieses alte Kulturgut bestrebt sein, den Turabdin auf die „Welterbeliste" setzen zu lassen.

7. Bis zum Jahr 1998 wurden in der Türkei sieben Projekte auf die „Welterbeliste" aufgenommen: Die historischen Bereiche der Altstadt von Istanbul, die antike Stadt Hierapolis-Pamukkale, Hattusa (ehemalige Hauptstadt der Hethiter), der Nationalpark Göreme und die Felsendenkmäler von Kappadokien, die Große Moschee und das Krankenhaus von Divrigi, die Ruinenstätte Nemrut Dag, die Ruinen von Xanthos mit dem Heiligtum der Latona.

8. Zu den Bestimmungen des „Übereinkommens zum Schutz des Kultur- und Naturerbes der Welt" gehört, dass nur die Regierung des betroffenen Landes einen offiziellen Antrag an die

Ein Blick von Mor Abraham auf **Midyat**

UNESCO zur Aufnahme auf die „Welterbeliste" stellen kann. Die Aufgabe der Syrisch-Orthodoxen Kirche kann es daher nur sein, der türkischen Regierung einen offiziellen Antrag mit einer ausführlichen Begründung, den notwendigen Unterlagen und Anschauungsmaterial vorzulegen, aus dem die Absicht der Kirche eindeutig ersichtlich ist. Die Form des Antrages sollte so sein, dass sich die türkische Regierung das Anliegen und den Antrag zu eigen machen kann.

9. Unserer Meinung nach sollte nach der Befürwortung des Patriarchen und des Erzbischofs im Turabdin sehr schnell eine Arbeitsgruppe von einflußreichen Persönlichkeiten der Türkei, die eine besondere Beziehung zum Turabdin haben, unter der Leitung von Erzbischof Timotheos Samuel Aktaş, Turabdin und Erzbischof Philoxinos Saliba Özmen, Mardin eingerichtet werden. Ihre Aufgabe wäre es, den Antrag an die türkische Regierung vorzubereiten und bei ihr vorzubringen. Gegenüber der türkischen Regierung sollte das Vorhaben zuerst als internes Anliegen des Landes dargestellt werden.

10. Außerdem könnten bedeutende Persönlichkeiten aus Kirche und Gesellschaft im Ausland aufgefordert werden, diesen Antrag an die türkische Regierung mit ihrer Autorität zu unterstützen. Solche Stellungnahmen von

Das **Kloster Mor Hananyo** (Deyrulzafaran) bei Mardin (Foto im Jahr 2006)

außen sind notwendig und können das Anliegen der Syrisch-Orthodoxen Kirche untermauern.

11. Nach Informationen, die wir damals der englischsprachigen Presse der Türkei entnommen haben, wollte das türkische Ministerium für Tourismus zur Feier des Heiligen Jahres 2000 in besonderer Weise zum Besuch der biblischen Stätten in der Türkei einladen. Die christlichen Stätten sollten nach Vorstellung des Ministers den Touristen zugänglich gemacht werden. Die Feier des Jahres 2000 wäre bestimmt ein günstiger Anlass gewesen, auf den Turabdin als eines der ältesten Gebiete des Christentums hinzuweisen. Weiter wäre es ein günstiger Zeitpunkt gewesen, an die türkische Regierung mit dem Antrag heranzutreten, den Turabdin in die „Welterbeliste" aufzunehmen.

Eingang in die **Halle der Verstorbenen**

Der Aufgang zum Kloster

Ausblick

Wie gesagt, Patriarch und Erzbischof sind damals auf unsere Vorschläge nicht eingegangen. Das mussten wir respektieren, auch wenn es uns nicht ganz leicht fiel. Wir konnten die Verantwortlichen nicht überzeugen. War der Zeitpunkt angesichts der angespannten Situation zwischen Türkei und Turabdin falsch gewählt – man wollte sich damals, vom Turabdin aus geurteilt, eher zurückhalten als mit Anträgen in die Öffentlichkeit treten – oder die Leitung der Kirche und der Turabdin versprachen sich nicht viel für den Turabdin, oder es waren noch andere Gründe.

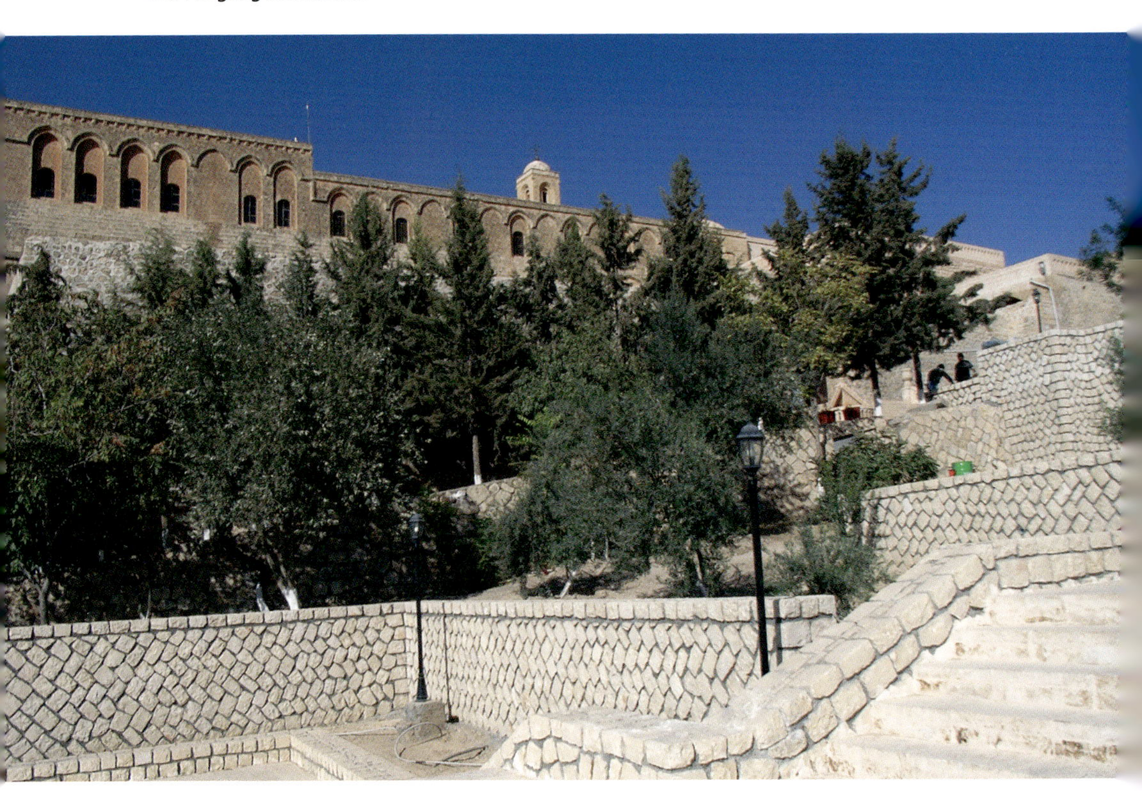

Teil des Parks vom **Kloster Deyrulzafaran**

Erzbischof Philoxinos Saliba Özmen – seit 2003 Erzbischof in der Diözese Mardin-Diyarbakir – freut sich über eine besondere Besuchergruppe im Kloster: Polizisten aus Mardin

Dennoch wäre m. M. nach zu überlegen, ob nicht ein erneuter Vorstoß geplant werden sollte. Vielleicht ist die Zeit heute im Jahr 2010 günstiger. Man sollte dies prüfen unabhängig von den Prozessen, die das Kloster Mor Gabriel gegenwärtig durchzustehen hat. Drei Nachbardörfer und auch der Staat machen dem Kloster seinen Landbesitz streitig. Die Atmosphäre unter den Christen und den muslimischen Mitbewohnern wurde dadurch leider erheblich verschlechtert.

Ich bin auch der Meinung, dass es dem Kloster Mor Gabriel heute im Jahr 2010 besser gehen würde, hätte man damals einen Antrag an die UNESCO gestellt. Gegen jemand, der auf der „Weltkulturerbeliste der UNESCO" steht, hätte man sicher nicht so vorgehen können, wie das im Jahr 2008 mit dem Kloster Mor Gabriel und der dortigen Leitung gemacht wurde.

Summary

The UNESCO World Heritage list is a very well known list for cultural property all over the world. The protection of your cultural heritage is better guaranteed when you are part of this list. Many cultural remains of great historical importance in the whole world can be found in this list. Others are waiting to be given a place in this list. It is not easy to get registered in it. You have to prepare an extensive application and to give reasons for the fact, why you want to get a place in this list and why the world public is interested in this cultural heritage for which you stand up. The present government, in whose area the cultural heritage is situated, has to support this application with a letter of recommendation. The international group of UNESCO which is responsible for the "World Heritage List" will then decide about adoption or rejection.

During the years from 1996 to 1998 the "Solidarity group of Turabdin" prepared an application for this list because the members believed that the world public would favour a better view of these old monasteries, churches and villages than before. We think that Turabdin needs the protection of this international organization and of the world public. We discussed the fact if only one monastery for example Mor Gabriel or all the monasteries in Turabdin or only one village or more villages or the whole of Turabdin should get the protection of UNESCO.

But unfortunately the Patriarch of Damascus and the Archbishop of Turabdin didn't support the request. Archbishop Timotheos declared: At present we have got a great number of problems in Turabdin which are unsolved and for which we need the support of the Turkish government. Past petitions to the Turkish government have shown that the government's support is very unlikely; that is why we don't want to create too much publicity. We concentrate on our daily tasks and duties without appearing too much in the media.

Therefore this petition was not published. Will it be wise to make another attempt at a more favourable time?

Kloster Mor Hananyo (Deyrulzafaran) (Foto: 1991)

Der Turabdin am Beginn des dritten Jahrtausends

– die Situation scheint sich zu ändern

Im Innenhof vom **Kloster Deyrulzafaran**

6 Der Turabdin am Beginn des dritten Jahrtausends

– die Situation scheint sich zu ändern

Das ist schon ein Einschnitt: Das zweite Jahrtausend, das 20. Jahrhundert geht zu Ende, das dritte Jahrtausend, das 21. Jahrhundert beginnt – auch im Turabdin. Aus diesem Grunde sollen einige „Blitzlichter" die aktuelle Situation an dieser Zeitenwende verdeutlichen. Änderungen scheinen sich anzudeuten. Und doch ist auch das andere zu sagen: Die Situation kann sich sehr schnell wieder ändern. Aber so hat sich mir die Situation im Turabdin dargestellt:

1. Es ist gegenwärtig ruhiger im Turabdin. Die Präsenz des türkischen Militärs und die Kontrollstellen sind nach wie vor da; aber die Kontrollen sind weniger geworden. Die Berge werden von Minen geräumt. Die PKK scheint verschwunden und untergetaucht zu sein. Die Dorfwächter treten weniger in Erscheinung. Die Kommandanten der Militärstationen scheinen zugänglicher geworden sein. Auch über Menschenrechte kann man mit ihnen sprechen, was früher unmöglich war.

2. Eine „Klimaverbesserung" ist festzustellen: Die Behördenvertreter zeigen sich gegenüber früher aufgeschlossener. Erzbischof Timotheos vom Kloster Mor Gabriel wurde zur Eröffnung des neuen Flugplatzes in Mardin im Herbst 1999 eingeladen. Zu den großen religiösen Festen besuchen die politischen Vertreter das Kloster Mor Gabriel und sprechen wesentlich offener über bestehende Probleme. Auf Einladung des Ministers für religiöse Angelegenheiten fand in Tarsus ein Treffen von Vertretern des Islam und der christlichen Kirchen statt.

3. In verschiedenen Dörfern des Turabdin werden Kirchen renoviert und saniert. Das Kloster Mor Abraham bei Midyat wurde umgebaut und wird nun als Treffpunkt genutzt. Die Zahl der Besucher im Kloster Mor Gabriel ist stark angewachsen.

Die Ruhe im Tur Abdin und auch die angedeutete Klimaverbesserung hängen sicher mit der veränderten politischen Situation in der Türkei zusammen. Zwei Komponenten sind hier zu nennen:

- Der Kampf und die Auseinandersetzung mit der PKK scheinen zu Ende zu gehen oder scheint zu Ende zu sein, nachdem ihr Anführer und politischer Kopf Abdullah Öcalan ausgeschaltet wurde. Wohin aber die PKK abgezogen ist und wie sich die PKK weiter verhalten wird, ist unklar.
- Die Türkei will in die Europäische Ge-

meinschaft (EU) und steht auf der Liste der Beitrittskandidaten. Der Weg bis zum Beitritt ist sehr lang und steinig, da verschiedene Forderungen erfüllt werden müssen u.a. der Umgang mit Minderheiten, Religionsfreiheit, die Bedeutung der Menschenrechte, die Gültigkeit der Menschenrechte für alle in der Türkei lebenden Menschen – für Türken und ethnische Minderheiten, für Muslime und Nicht-Muslime usw. Es wird Jahre dauern. Ob die Türkei diesen langen Atem hat?

Die EU Kandidatur hat die Situation in der Türkei wesentlich verändert und hat auch Auswirkungen auf den Turabdin. Festzuhalten bleibt aber, dass sich die rechtliche Situation und die Frage der Sicherheit noch nicht wesentlich geändert haben.

Die neue und veränderte Situation zeigt sich auch in einem „neuen Denken" der Verantwortlichen im Kloster Mor Gabriel. Es wird nicht mehr von „Abwanderung" gesprochen, sondern nachdrücklich von „Rückwanderung". Syrische Christen aus dem Turabdin werden eingeladen und aufgefordert, in ihre alte Heimat zurückzukehren. Der Weg dahin ist aber noch weit. Vorleistungen müssen erbracht werden, die abgesichert sein müssen.

Treffen in Midun – von links: Malfono Isa vom Kloster Mor Gabriel, Hori Yuhanun Teber aus Berlin und Abuna Melki Toc, Pfarrer von Midun

Dazu einige Hinweise:

- Der Besitz von Häusern und Feldern und Fragen des Eigentums müssen im Turabdin geklärt und schriftlich im Katasteramt festgehalten werden.
- Fragen der Sicherheit müssen von Seiten des Staates glaubhaft beantwortet werden. Möglichen Rückkehrern müssen verbindliche Sicherheitsgarantien von Seiten der türkischen Regierung gegeben werden.
- Die Rechte der syrischen Christen müssen gemäß dem Lausanner Vertrag von 1923 zugesagt und umgesetzt werden.
- Den Rückkehrern müssen Perspektiven angeboten werden. Der Turabdin muss ökonomisch wesentlich und beständig weiter entwickelt werden. Er darf keine vergessene Region bleiben!
- Die Rückkehr muss von offiziellen Stellen, sowohl vom türkischen Staat als auch von der Diözese Turabdin, sprich vom Kloster Mor Gabriel, gewollt und auch gefördert werden.

Das neue „Zauberwort" heißt **RÜCKKEHR**. Sie kann nur Wirklichkeit werden, wenn sie von den Betroffenen intensiv und gemeinsam erörtert und ins Bewusstsein aufgenommen wird. Hinzu kommt ganz wesentlich und gleichsam als unabdingbare Voraussetzung, dass die politische Situation der Türkei, die erst seit einigen Monaten kleine Anzeichen einer Änderung zeigt, sich Schritt für Schritt zum Positiven hin weiter entwickelt, damit Ruhe, Sicherheit und Vertrauen wachsen kann.

Innenhof der **Kirche in Bekusyone**

Summary

At the beginning of the 21st century and the third millennium I observed a situation which was different from the one in the two decades before. The situation has become less tense and I see two main reasons for this: The long fight between PKK and the military of Turkey was finished apparently, because the head of PKK, Abdullah Öcalan was imprisoned. The other reason was this: Turkey decided to become a candidate for EU membership. A positive side-effect of this application is: the minorities have to be granted rights and freedoms.

Many houses have been renovated by the owners in the villages of Turabdin. In the same way many churches in the villages have been renovated by the village

von links: **Abuna Ilyas** aus Berlin, **Malfono Lahdo** und **Abuna Gabriel**, beide aus Bekusyone

associations which have been founded abroad. Villagers of one village, who live in Europe, united and founded an association for their village. In the future they want to realize necessary projects for their village at home and finance the common tasks in their village. Very often they organize concerts or festivals to collect money for their village. The villagers have started to cooperate and to take care of the duties in their village. Now they cooperate and don't work separately any longer.

A new movement has started to renew and develop the villages in the years to come. In the same way the villages have begun to declare their lands to the "land-register" in Midyat, the state organization which is responsible for the properties of land and fields. Now there are often ownership conflicts between Curds and the state on the one hand and the villagers on the other hand. The problem is this: The villagers often forgot to declare ownership of their lands to the land-register. They forgot to do that before they went away to Europe. In the meantime the state claimed ownership of those lands which were not cultivated.

Beim Brotbacken (Foto: 1995)

Impressionen

Viele Kirchen und auch Klöster wurden renoviert

Renovierte Kirche von **Mor Abraham**

Renovierte **Kirche Mor Dodo** in Bsorino

Die neu aufgebaute **Friedhofskapelle**, jetzt die **Kirche von Kafro**, eingeweiht 2008

Marienkirche in Hah (Anith)

Rückkehr in die alte Heimat

– aus Flüchtlingen wurden Rückkehrer

7

Im Hintergrund: Die Häuser von **Kafro**

7

Rückkehr in die alte Heimat

– aus Flüchtlingen wurden Rückkehrer

„Rückkehr" ist seit einigen Jahren das „Zauberwort", das bei vielen Turabdinern in Europa ein Umdenken andeutet und zugleich etwas von der veränderten Situation in der Türkei widerspiegelt – die Türkei, die auf dem Weg in die EU ist. Das erste Jahrhundert im neuen Jahrtausend hat anscheinend verheißungsvoll für die syrischen Christen begonnen.

Hätte mir jemand vor zehn Jahren gesagt, dass im Jahr 2005 von Rückkehr in den Turabdin gesprochen wird, noch zugespitzter, dass Familien und Einzelpersonen in den Turabdin zurück kehren, den hätte ich nicht ernst genommen und ich hätte seine Aussage nur mit Kopfschütteln quittiert. Und jetzt ist diese Realität eingetreten. Menschen kehren tatsächlich in ihre Heimat, in den Turabdin zurück.

Einerseits ist manches besser geworden (siehe Kapitel 6 „Der Turabdin am Beginn des dritten Jahrtausends"), sonst würde es auch keine Rückkehr geben, andererseits ist die Sicherheitslage für die Christen als religiöse und ethnische Minderheit noch längst nicht gut; sie ist instabil und brüchig und kann sehr leicht kippen. In dieser Spannung vollzieht sich diese „Rückkehr". Es gibt Familien, die mit allen Risiken und auch Gefahren den Weg der Rückkehr in ihre Heimat beschritten haben, weil sie „Sehnsucht" nach ihrer Heimat haben. Sie wissen, dass ihre Rechte ihnen zugesagt sind, aber sie sind leider noch längst nicht eingelöst; sie wissen, dass die Rechte ihnen garantiert sind, aber sie sind für sie leider noch längst keine Wirklichkeit.

Die „Rückkehrer" waren einst Flüchtlinge, die vor 20 - 30 Jahren ihre Heimat Richtung Schweiz, Deutschland, Schweden und in andere Länder verlassen hatten, weil sie Angst vor Überfällen und Missachtung ihrer Rechte nicht mehr aushielten. So wie sie damals alles gepackt hatten und sich in ihre neue Heimat aufmachten – voller Ungewissheit – so werden sie mit der gleichen Ungewissheit in ihre „alte Heimat" zurückkehren. Fragen über Fragen stellen sich ein: Kommen wir gut an? Wie werden wir aufgenommen? Können wir uns in unserer neuen alten Heimat anpassen? Können wir unsere neuen Häuser bauen und finanzieren? Können wir arbeiten, um unsere Familien zu ernähren? Wie lange machen unsere Kinder und Jugendlichen mit? Haben unsere Kinder eine Perspektive? usw.

Persönliche Gründe für eine Rückkehr

Yakob Demir – er lebte von 1977 - 2005 in der Schweiz – ist für mich der „Motor" der

Rückkehrbewegung, vor allem im Blick auf die Rückkehrer, die ehemals im Dorf Kafro (Richtung Kloster Mor Malke) wohnten. Ich fragte ihn bei einem Besuch in Kafro nach seinen persönlichen Gründen, nach Kafro wieder zurück zu kehren. Er sagte mir: „2001 machte ich mit meiner Familie einen Besuch in meinem alten Dorf, in Kafro. Ich war erschüttert, als ich sah, wie die Gräber unserer Angehörigen und Vorfahren geschändet waren. Auch unsere alte Kirche Mor Yakub – Mor Barsaumo war schlimm zugerichtet. Die Menschen, die das gemacht hatten, hatten keinerlei Respekt. Das trieb mir die Tränen in die Augen". Er nannte noch einen historischen Gesichtspunkt: „Betrachten wir unsere Geschichte in der Türkei, dann müssen wir feststellen, dass verlorene Gebiete von den Regierenden nie wieder zurückgegeben wurden".

Seine Entscheidung war klar: Der Umgang mit den Gräbern unserer Vorfahren und mit unserer Kirche darf nie wieder so zugelassen werden, wie es in der Vergangenheit geschah, deshalb will ich zurückkehren. Außerdem dürfen wir unsere Heimat nicht aufgeben, wir müssen alles tun, um sie zu schützen. So wurde der Anstoß in der Schweiz und in anderen europäischen Ländern gegeben, Vor- und Nachteile einer Rückkehr zu diskutieren. Für die ehemaligen Bewohner von Kafro wurde ein Verein gegründet und in vielen Sitzungen wurde die Rückkehr Schritt für Schritt vorbereitet. Schließlich haben 14 Familien

Blick auf das entstehende „**neue Kafro**" (Foto aus dem Jahr 2006)

ihre Entscheidung getroffen, in ihr altes Dorf Kafro wieder zurückzukehren, ihre Häuser neu zu bauen und ihr Dorf in Ordnung zu bringen. Auch in andere Dörfer kamen Rückkehrer zurück.

Neue Töne von der türkischen Regierung

Die, die sich zur Rückkehr entschlossen haben, berufen sich u.a. auf eine Presseerklärung von Ministerpräsident Bülent Ecevit vom 12. Juni 2001. Hier lädt er die türkischen Bürger assyrischer Herkunft ein, in ihr Land zurückzukehren. Von Seiten des Staates werden Garantien abgegeben und den Rückkehrern ihre Rechte in Aussicht gestellt. Gemeint sind die syrischen Christen aus dem Turabdin.

Das sind neue Töne von Seiten der türkischen Regierung. Sie sind sicher auch im Zusammenhang mit den Bemühungen der Türkei zu sehen, den Weg nach Europa zu gestalten. Der Weg ist noch lang für beide – für die Türkei nach Europa und für die syrischen Christen, die als Rückkehrer in die Türkei zurückkommen. Aber eine neue Chance wurde damit eröffnet! Im Wortlaut heißt es in der englischen Pressemeldung – eine deutsche Übersetzung wird angefügt:

Circular 2001/33 – June 12, 2001

There are allegations that Assyriac-origin Turkish citizens, who emigrated abroad

Eines der Häuser von den Rückkehrern in **Kafro**

for various reasons including PKK terrorism, were encountering certain problems when they want to return to their villages, including not being allowed to use their rights over their property in their villages, and that hurdles were raised for foreigners to visit villages where Assyriacs reside. It has been evaluated that international circles might bring these allegations in front of Turkey as a new human rights violation. In order not to let such allegations to turn into an anti-Turkey campaign, the Interior Ministry will conduct necessary works for allowing our Assyriac-origin citizens – who for various reasons moved to or settled in European countries from their villages in the state of emergency, region and in adjacent provinces – to return to their villages, if they make such a demand. I strongly request all public institutions and establishments show necessary care and sensitivity in letting our Assyriac citizens to freely use their Constitutional, legal and democratic rights that were under the guarantee of our state.

Bülent Ecevit , Prime Minister

Distribution: (For Action) DPMs and State Ministries – State Ministries (and attached institutions) – Ministries (to Governors by Interior Ministry) – YOK Chairman – NSC Secretary General – Institutions Attached to the Prime Ministry – Organization of Prime Ministry in capital (Ankara)
(For Information)
Presidency Secretary General TGNA Secretary General

Rundschreiben 2001/33 – 12. Juni 2001

Es wird behauptet, dass türkische Staatsbürger assyrischer Abstammung, die aus verschiedenen Gründen, einschließlich PKK – Terrorismus, ins Ausland emigriert waren, sich gewissen Problemen gegenüber sahen, als sie in ihre Dörfer zurückkehren wollten. Dazu gehörte auch, dass es ihnen nicht erlaubt wurde, ihre Eigentumsrechte in ihren Dörfern auszuüben, und dass Hürden errichtet wurden für Fremde aus dem Ausland, die Dörfer besuchen wollten, in denen Assyrer wohnen. Es wird vermutet, dass internationale Kreise diese Behauptungen gegen die Türkei verwenden könnten als eine neuerliche Menschenrechtsverletzung. Damit sol-

Tomaten und Feigen werden getrocknet

Die alte **Kirche Mor Yakub – Mor Barsaumo** in Kafro

che Anschuldigungen nicht in eine Anti-Türkei-Kampagne verwandelt werden, wird das Innenministerium notwendige Maßnahmen ergreifen, um es zu ermöglichen, dass unsere Staatsbürger assyrischer Abstammung – die im Falle akuter Notstände aus verschiedenen Gründen aus ihren Dörfern in andere Regionen oder angrenzende Provinzen gingen, in europäische Länder umzogen oder sich dort ansiedelten – in ihre Dörfer zurückkehren können, wenn sie das wollen. Ich fordere eindringlich alle öffentlichen Institutionen und Einrichtungen auf, die notwendige Sorgfalt und Sensibilität walten zu lassen, um unseren assyrischen Staatsbürgern die Möglichkeit zu geben, ihre verfassungsgemäßen, legalen und demokratischen Rechte frei auszuüben, die von unserem Staat garantiert wurden.

Bülent Ecevit, Premierminister

Am 6. Juni 2001, also wenige Tage früher, schrieb der damalige Staatspräsident der Türkei Ahmet N. Sezer bei einem Besuch in das Gästebuch des Klosters Deyrulzafaran – er schrieb in Türkisch, hier die deutsche und englische Übersetzung:

Ich freue mich sehr über den Besuch des Klosters Deyrulzafaran, den heiligsten Ort der syrischen Gemeinde, die ein untrennbarer Teil unseres Volkes ist.

Der Beitrag der aufopferungsvollen, begabten und staatstreuen Mitglieder der syrischen Gemeinde für die Entwicklung

und Wohlfahrt der türkischen Republik ist groß. In diesen Tagen, in denen die Probleme in unserer anatolischen Region im Südosten zu Ende gehen und ein neues wirtschaftliches Programm gestartet wird, wird dieser Beitrag noch wichtiger.
Im Glauben, dass das Kloster Deyrulzafaran mit seiner Geschichte von Tausenden von Jahren seine tolerante und solidarische Haltung fortsetzen wird wie in der Vergangenheit, bringe ich allen Mitgliedern der syrischen Gemeinde meine besten Glückwünsche entgegen.

Englischer Text:
I am very happy about the visit to the Monastery of Deyrulzafaran, the holiest place of the Syriac congregation which is an inseparable part of our people.

The contribution of the self-sacrificing, intelligent and nationally loyal members of the Syriac congregation to the development and welfare of the Turkish Republic is great. These days when the problems of our southeastern Anatolian region are coming to an end and a new economic development programme is started this con-

Eingang zur alten **Kirche Mor Yakub - Mor Barsaumo** in Kafro

tribution becomes even more important.

It is my belief that the Monastery of Deyrulzafaran with its history of thousands of years will continue its tolerant and solidarian attitude – as it has done in the past. In this belief I extend my warmest congratulations to all the members of the Syriac congregation.

Ahmet N.Sezer, President of State
06.06.2001

Yakob Demir, der Motor der Rückkehr Bewegung

Rückkehr in verschiedenen Variationen
In vielen Dörfern gibt es inzwischen Rückkehrer, die ihren Sommerurlaub in ihrem renovierten oder neuen Haus verbringen, bzw. die ihr Haus gerade renovieren oder die einige Monate vom Jahr da sind; oder die ganz und für immer zurückkehren. Es sind die, die „radikal" zurückkehren, die aus dem Land ausgezogen sind, in dem sie in den letzten 25 Jahren gewohnt hatten.

Die Entscheidung will genau und gründlich überlegt und vorbereitet sein. Klar, Rückkehr will und muss immer freiwillig getroffen werden; sie hat es immer auch mit Risiken zu tun, mit Ungewissheit, mit Unvorhergesehenem. Auch Abraham, der Vater unseres Glaubens, wurde einst aus seinem Dorf gerufen und ging ins Ungewisse, wie es in 1. Mose 12 heißt – er ging mit Gottes Hand, die über ihm war. Die Familien in Kafro, in Arkah, in Beth Zabday, in Marbobo, in Inwardo, in Kelith, in Bsorino, in Sare, in Midyat und anderswo haben dieses Wagnis auf sich genommen und können für andere Familien, die sich damit auseinandersetzen, Anstoß und Vorbild sein.

Probleme der Rückkehr
Damit scheint ein „neues Kapitel" im Turabdin aufgeschlagen zu werden und wir hoffen alle, die wir unsere Freunde im Turabdin schon lange begleiten und mit ihnen auch durch schlechtere Zeiten gegangen sind, dass dieses Projekt seelisch, kulturell, finanziell und wirtschaftlich gelingt. Es wird sicher nicht einfach sein, sich von Neuem zu integrieren, was schon im

Ausland, ihrer bisherigen Heimat, gefordert wurde. Nun wird es zum zweiten Mal verlangt, dieses Mal wieder in ihrer „alten Heimat", in der ihnen so vieles vertraut und doch auch wieder neu ist.

Die Kinder und Jugendlichen, die alle im Ausland geboren sind und die Heimat ihrer Eltern kaum oder gar nicht kennen, bekommen eine neue Heimat, aber ohne ihre bisherigen Freunde und Freundinnen und ohne ihre Spielmöglichkeiten. Vieles mussten sie zurücklassen.

Sie werden bei den Familien der Gradmesser für das Gelingen der Rückkehr sein: Werden die Kinder und Jugendlichen sich zurechtfinden in der für sie neuen türkischen Schule, werden sie klar kommen mit der türkischen Sprache, werden sie sich in der neuen Umgebung wohl fühlen und nicht vor Langeweile umkommen, werden ihre Kräfte und Fähigkeiten gefördert, werden sie mit ihren Eltern zusammen die Belastungen und Lasten tragen können, damit das „Neue" sie nicht erdrückt, sondern im Laufe der Zeit erträglich und für sie vielleicht auch schön wird?! Die Eltern wiederum werden sich intensiv um ihre Kinder kümmern müssen, aber auch um das Haus, das noch nicht ganz fertig ist; und dann müssen sie sich auch noch nach einer neuen wirtschaftlichen Existenz umschauen, um ihre Familie ernähren zu können.

Altes und neues Kafro

Die alte **Friedhofskapelle in Kafro** (Foto 2006)

Kafro Tachtayto – eine starke Gemeinschaft

Gut ist in Kafro, dass hier eine Gemeinschaft zusammenlebt, die zurückgekehrt ist. Sie kennen sich seit vielen Jahren und sind oftmals verwandt miteinander. Sie stehen zusammen und packen Probleme gemeinsam an. Sie leben nicht für sich alleine, sondern gemeinsam in ihrem ehemaligen Dorf, das die letzten Bewohner 1995 verlassen hatten und seitdem leer stand. Nun wurden jenseits der Straße nach Arkah (Harabale) die neuen Häuser nach Standards des Turabdin und des westlichen Auslands gebaut und eingerichtet. Sie sind schon von weitem sichtbar!

„Kafro" steht für mich für „Rückkehr", Kafro und Rückkehr sind identisch. Kafro steht für mich für Aufbruch, für Mut, für Wagnis, für neue Wege. Ich war beeindruckt von den Überlegungen und Planungen, die hinter diesem „Kafro–Projekt" stehen; ich war beeindruckt von der Vision einiger Kafro-Leute, die sich nach langer Vorbereitungszeit und entgegen aller Warnungen aufmachten, um ihre Vision mit ihrem Leben zu füllen. Und ich denke, sie sind schon sehr weit gekommen. Und der Schwung ist noch nicht erlahmt, es gibt noch vieles zu tun – im persönlichen und im gemeinschaftlichen Bereich. Als ich das neue Kafro im Jahr 2006 zum ersten Mal sah und besuchte, staunte ich nur noch!

Diskussion in einem Haus (Foto: 1995)

Alle, die dieses Projekt eher pessimistisch beurteilen: zu groß, zu überzogen, nicht zu halten oder ähnliches, sollten einmal mit diesen Kafro-Leuten vor Ort sprechen und sich mitnehmen lassen auf diesen Weg, der nun schon einige Jahre andauert. Sie sollten sich auch nur ein wenig anstecken lassen von der Aufbruchstimmung und von dieser Sehnsucht nach ihrer Heimat, die in den Köpfen und Herzen dieser Rückkehrer steckt. Ich denke, dann sieht man vieles plötzlich anders, dann bleibt man nicht am Äußeren der Häuser hängen – mir ist es so gegangen, auch wenn, um ehrlich zu sein, die eine oder andere kritische Frage bis heute geblieben ist! Aber Aufbrechen ist immer etwas Schwieriges und leider werden zu allererst immer – das ist menschlich – die Fragen gesehen statt das Neue, das gestaltet werden will, die „neue Stufe" im Leben, die weiter führt.

Summary

Returners come back to their old home, former refugees become returners. For some years the Syriac Christians living in various countries of Europe have discussed the possibility of returning. They are homesick and feel that their roots are in the earth of Turabdin. This earth is holy to them.

So many people have renovated their houses and their churches in their villages. They stay in Turabdin for some weeks or some months or they return with their whole families and stay in Turabdin the whole time. Kafro Tachteyto is a well known project of returning.

The former inhabitants of Kafro prepared their returning very intensely. Fourteen families are now living in their new houses. They want to realize the invitation of the former Prime Minister Bülent Ecevit which he wrote in the year 2001. He invited the Syriac Christians to return to their old home. They are inhabitants of Turkey and belong to this country, he said. I think a "new chapter" has been opened in the history of Turabdin since families have returned to their old villages. We hope all can live in a good way and have good relationships with each other. Really, it is an exciting project!

Impressionen

Neue Häuser wurden gebaut und alte saniert

Haus eines Rückkehrers in Harabale

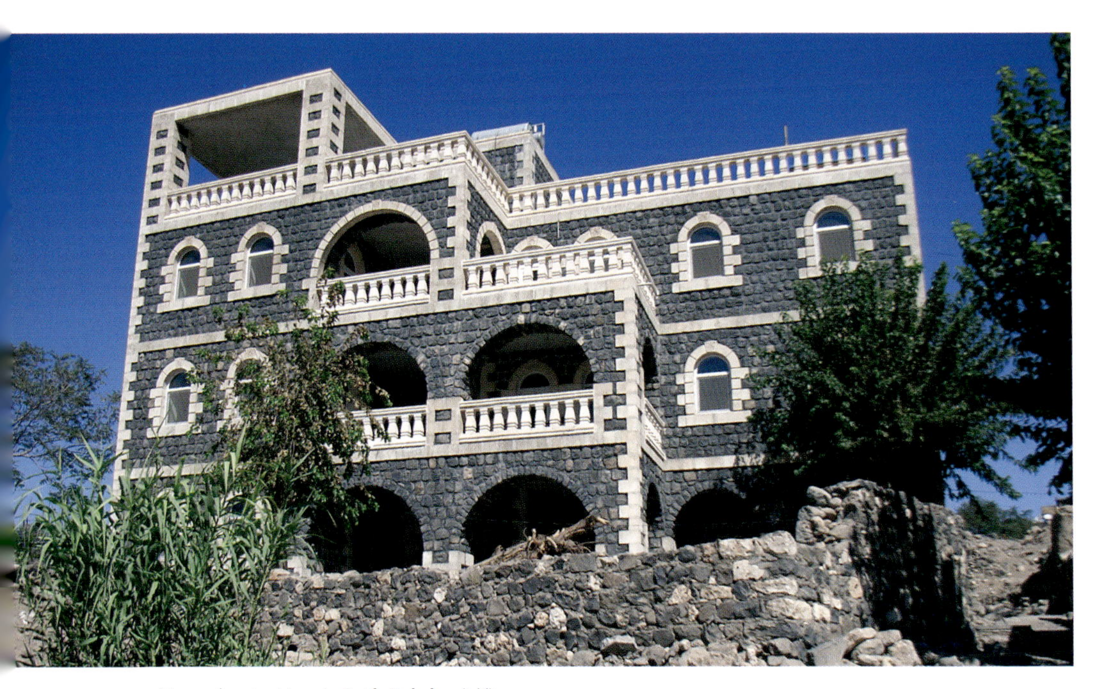

Neu gebautes Haus in **Beth Zabday** (Idil)

Neues Haus eines Rückkehrers in **Badibe in den Izlo Bergen** mit schönem Ausblick

Das neue Kafro in der Abendsonne

Der Genozid von 1915

– ein Trauma für Aramäer und Assyrer

Die renovierte Kirche **Mor Hadbshabo in Inwardo**

8 Der Genozid von 1915

– ein Trauma für Aramäer und Assyrer

An jedem 24. April jährt sich der Völkermord an den armenischen Christen. 1,4 Millionen Armenier sollen bei diesem Völkermord ums Leben gekommen sein – waren es weniger, waren es mehr, das kann nicht Gegenstand eines Streites sein. Es sind zu viele Menschen!

Aber nicht nur die Armenier, sondern auch die Assyrer, Aramäer, Chaldäer und Pontos-Griechen sind von diesem Genozid betroffen gewesen. Die Zahl der Getöteten geht in die Hunderttausende. Wie der Missionar Dr. Johannes Lepsius, der Gründer der Deutschen Orientmission in seinen Berichten damals erwähnte, handelte es sich nicht nur um eine Vernichtung der Armenier, sondern um eine Ausrottung der Christen.

Bei meinen Besuchen in den letzten Jahren im Turabdin hörte ich immer wieder in den Dörfern, wie dieser Genozid von 1915 Unheil in den Dörfern anrichtete und Hunderttausenden Menschen das Leben kostete. Jedes Dorf hat aus dieser Zeit Tote zu beklagen. Es wird nicht viel und auch nicht laut darüber gesprochen und doch erfährt man in den Gesprächen immer wieder, wie die Christen damals gelitten haben, wie sie ausgelöscht und vertrieben werden sollten. Die damals Verantwortlichen gingen oftmals, zusammen mit Kurden, rücksichtslos und grausam gegen die Christen vor.

Heute müsste sich die türkische Regierung als die rechtmäßige Nachfolgerin der damaligen Regierung und der politisch Verantwortlichen fragen lassen, ob sie den Christen und anderen Betroffenen nicht eine Wiedergutmachung bezahlen müsste. Eine Entschuldigung wäre das mindeste, was die Regierung tun könnte, aber eine solche habe ich bisher noch nicht gehört oder gelesen. Wiedergutmachungen wurden nicht gegeben. Ein dunkles Kapitel ist dies immer noch in der Türkei. Journalisten und Schriftsteller, die den Genozid 1915 auch nur erwähnen, müssen heute leider immer noch mit Strafen rechnen, oft sogar auch mit dem Tod.

Anerkennung als „Völkermord"

Bei den Aramäern und Assyrern spricht man von „Shato d' sheifo", vom „Jahr des Schwertes" und jeder weiß, dass es sich hier um die Vernichtung seines Volkes 1915 handelt. Die Öffentlichkeit bei uns weiß, wenn überhaupt, vor allem von dem Völkermord an den Armeniern, weniger davon, dass auch die Aramäer und Assyrer, die Christen im Turabdin im Südosten der Türkei und die Christen im nördlichen

Teil des heutigen Irak, in gleicher Weise Ziel dieser Vernichtung durch die damals regierenden Jungtürken waren. Und hinzukommen noch Tausende Pontus-Griechen.

Die Jungtürken wollten das Land „türkisieren", also gleichsam von allen ethnischen und religiösen Minderheiten „säubern", Minderheiten, die anders waren als sie. Im Zuge dieser religiösen und ethnischen „Säuberungsaktion" mussten etwa 100.000 Christen aus dem Turabdin ihr Leben lassen. Etwa 400.000 Assyrer, Chaldäer, Syrer aus Bohtan, Hakkari, Urmia, Van, Omid, Batman, Edessa usw. kamen um. Bis 1915 war das Gebiet südlich vom Van See ein einigermaßen homogenes Siedlungsgebiet der Christen bis nach Mosul im heutigen Irak. Assyrische Dörfer am Chabur in Nordsyrien wurden von Überlebenden aus Hakkari und Bohtan aufgebaut.

In vielen Gedenkveranstaltungen wird in vielen Ländern an das Massaker der Armenier erinnert, weniger an das der Assyrer

Überreste des Klosters Mor Aho in Difne bei Hesno d'Kifo (Hasankeyf)

Blick in die **weite Landschaft** vom Turabdin

und Aramäer und Griechen. Armenier und Assyrer, Aramäer und Griechen fordern bis heute ihr Recht. Alle setzen sich dafür ein, was bis heute in vielen Ländern noch nicht geschehen ist, dass die Vertreibung von Armeniern und Assyrern, von Aramäern und Griechen mit Hunderttausenden Toten ein „Völkermord" war und so auch anerkannt werden muss, vor allem auch von der Türkei.

Tilman Zülch von der „Gesellschaft für bedrohte Völker" schrieb in einem offenen Brief an die Abgeordneten des Deutschen Bundestages am 20.04.2005, einen Tag vor der Behandlung eines Antrags der CDU/CSU im Bundestag anläßlich der Vertreibungen und Massakern an den Armeniern vor 90 Jahren: „16 nationale Gesetzgeber, unter ihnen die französische Nationalversammlung, die italienische Abgeordnetenkammer, das kanadische House of Commons, die russische Staatsduma, das amerikanische Repräsentantenhaus oder der Vatikan, haben sich nicht davor gescheut, durch Entschließungen oder Gesetze diese Verbrechen als Völkermord (Genozid) an bis zu 1,4 Millionen Armeniern und bis zu 500.000 assyrisch und aramäischen Christen international zu bestätigen. Im übrigen haben gerade deutsche Persönlichkeiten – so der Missionar Dr. Johannes Lepsius, der jüdische Dichter Franz Werfel oder der Gründer des Wandervogels Hoffmann – die Weltöffentlichkeit damals alarmiert oder den Genozid an den Armeniern bekannt gemacht."

Situation in Deutschland

Die deutsche Bundesregierung hält sich bislang zurück, vielleicht aus Rücksicht auf die vielen türkischen Mitbürger in unserem Land und aus Rücksicht auf die guten politischen und wirtschaftlichen Kontakte zur Türkei. Das damalige deutsche Reich hatte übrigens 1915 ebenfalls gute Beziehungen zur damaligen türkischen Regierung und schwieg zu den Vorgängen, von denen es eindeutig Kenntnis gehabt hatte.

Am 16.06.2005 hat der deutsche Bundestag einen Beschluss gefasst, in dem implizit die „Massaker und Deportationen" an der armenischen Bevölkerung als „Genozid" im Sinne der UN-Genozidkonvention anerkannt wurden. Bei der von nationalistischen Türken veranstalteten Demonstration, die den Genozid leugnen, sollte in Berlin u.a. erreicht werden, dass der Deutsche Bundestag seinen Beschluss revidiert. Für mich ist das nicht zu fassen, denn wie kann Geschehenes „ungeschehen" gemacht werden?! Im letzten Moment wurde die ebenfalls geplante Ehrung für einen der Hauptverantwortlichen des Genozids an Armeniern, Aramäern, Assyrern und Pontus-Griechen Talaat Pascha wenige Tage vor dieser Demonstration verhindert und abgesagt. Einer, der tausendfache Schuld auf sich geladen hatte, sollte nach Jahrzehnten von seiner Schuld „rein" gewaschen werden – das wäre ein Schlag ins Gesicht für alle, die

Die **Kirche Mor Hadbshabo** in Inwardo droht zu zerfallen. (Foto: 1991)

überlebt haben und zu den Nachkommen der Betroffenen gehören. So kann Schuld bestimmt nicht aufgearbeitet und bewältigt werden.

Ich vermute, dass nach all diesen Vorgängen auch in Deutschland eine neue Diskussion über den Genozid von 1915 wieder geführt wird. Die Türkei, wenn sie in die EU will, wird hier in besonderer Weise sich mit der eigenen Vergangenheitsbewältigung auseinandersetzen müssen. Was bisher Tabu war und ist, muss öffentlich und frei diskutiert werden können und enttabuisiert werden.

Zivilcourage eines syrisch-orthodoxen Pfarrers

In der Türkei ist es bis auf den heutigen Tag äußerst schwierig bis gefährlich, vom Völkermord an den Armeniern und Aramäern und Assyrern zu sprechen. Die Türkei beruft sich auf den §312 des türkischen Rechts, in dem sinngemäß steht: Wer von Völkermord redet, begeht Landesverrat. Wer es dennoch tut, wird hart bestraft. Aktuell wurde dies im Interview Oktober 2000, das der syrische Pfarrer Yusuf Akbulut aus Diyarbakir der türkischen Zeitung „Hürriyet" gab und das auch als Video heimlich aufgezeichnet und dann im türkischen Fernsehen gezeigt wurde. Er sagte dort u.a., dass die Behauptungen über den Völkermord an den Armeniern richtig seien und dass auch seine Glaubensbrüder davon betroffen gewesen sind. „Nicht nur die Armenier, auch die Syrer

Die **renovierte Kirche Mor Hadbshabo** in Inwardo überragt das ganze Dorf.

sind damals mit der Begründung, dass sie Christen sind, dem Völkermord ausgesetzt gewesen. Die Syrer wurden in Scharen ermordet. An diesem Massaker waren auch Kurden beteiligt".

Dank der Beteiligung von Beobachtern aus dem Ausland wurde Pfarrer Y.A. am 05.04.2001 in der dritten Verhandlung schließlich frei gesprochen. Der Vorwurf wegen angeblicher Volksverhetzung wurde überraschend fallen gelassen.

Damit ist aber das Problem des Völkermordes und des Genozids an armenischen und syrischen Christen von 1915 noch längst nicht erledigt. Die türkische Regierung und die türkische Gesellschaft werden sich diesem besonderen Problem ihrer Vergangenheitsbewältigung stellen müssen. Schon lange wird gefordert, alle historischen Fakten und Dokumente der Öffentlichkeit zugänglich zu machen, damit die Vorgänge von 1915 aufgearbeitet und neu bewertet werden können. Dann müssen auch die Bestimmungen aus dem „Lausanner Vertrag" von 1923 anerkannt werden, in denen den nicht- muslimischen Bürgern der Türkei Gleichstellung, religiöse Freiheit und Toleranz zugestanden werden. Leider ist die heutige Realität in der Türkei noch weit entfernt von diesem damals wegweisenden Vertrag.

Frau Maria erzählte mir bei verschiedenen Besuchen, wo ich sie in **Inwardo** traf, vom Genozid 1915. In der Kirche, die einer Festung gleicht, haben tausende Menschen Zuflucht gesucht. In der Kirchenwand stecken heute noch Granat Einschläge aus dieser Zeit. (Foto 1991)

Begegnungen mit Zeitzeugen

Im Rahmen meiner Besuche im Turabdin und im Nordirak bin ich 1999 im armenischen Dorf Azverok im Nordirak auf Nachkommen von Überlebenden gestoßen, die ihr Leben 1915 retten konnten und in den heutigen Nordirak geflüchtet waren. Die Evang. Lutherische Landeskirche in Württemberg (Stuttgart) hat diesen armenischen Christen den Bau einer Kirche ermöglicht, um ihren Glauben wieder feiern zu können. 1991 wurde ihre Kirche vom irakischen Diktator Saddam zerstört. Bei späteren Besuchen im Nordirak bin ich immer wieder Armenischen Christen begegnet, die mir das Schicksal ihrer Familien erzählten. Der Genozid von 1915 wurde immer wieder erwähnt.

Marienkirche in **Omid** (Diyarbakir)

Der Syrisch-Orthodoxe **Patriarch Ignatius Zakka I. Iwas** beim Gottesdienst

Frau Maria

Vor Jahren begegnete ich im Dorf Inwardo im Turabdin Frau Maria. Sie wusste nicht, wie alt sie war; sie muss um die 90 Jahre alt gewesen sein. Sie ist in der Zwischenzeit gestorben. Frau Maria erzählte mir sinngemäß folgendes: Hör zu, sieh dir diese Kirche an. Sie war 1915 Zufluchtsort von tausenden von Christen, die ihr Leben vor den Jungtürken retten konnten. Sie hielt inne und schaute mich traurig an; dann sagte sie noch: Ich habe diesen Völkermord miterlebt. Ich war ein Kind und weiß noch, wie die Menschen sich damals in unsere Kirche flüchteten. Ich kann das nicht vergessen. Die Angst von damals steckt in mir bis heute; sie steckt in uns allen, die wir Christen sind und im Turabdin leben. – Langsam merkte ich: Ich stand einer „Zeitzeugin" gegenüber, die das „Jahr des Schwertes" als Kind miterlebt hatte.

Erfahrungen im Dorf Bote

Bei meinem letzten Besuch im Turabdin, Ende Oktober / Anfang November 2009 bin ich in manchem Dorf auf das Problem „Genozid 1915" gestoßen. Jedes Dorf war davon betroffen. Jedes Dorf hat viele Menschen, Angehörige und Freunde verloren. Im Dorf Bote z.B., in dem heute keine Christen mehr wohnen, wurde mir sehr drastisch erzählt, wie hier der Genozid 1915 das Dorf zerstörte. Im Zusammenhang mit der Renovierung der Kirche heute und der Erweiterung des Gemeindezentrums wurde vieles wieder lebendig, weil in der Kirche Hunderte Christen Zuflucht gesucht hatten. Und die Heutigen wissen um diese Verstecke. Es gab viele Orte in dieser Kirche, wo Christen sich zurückzogen. 80 Menschen haben sich z.B. in einem tiefen Brunnen in der Kirche versteckt und haben dort lange ausgeharrt, bis sie entdeckt wurden und jämmerlich erstickten, weil ein Feuer von den Gegnern gelegt wurde. 1200 Menschen sollen insgesamt im Dorf Bote umgekommen sein.

Ich fragte: „In Bote lebt heute keine christliche Familie mehr. Warum renoviert Ihr dann Eure Kirche mit großem Aufwand und erweitert die Kirche um ein schönes Gemeindezentrum?" Mir wurde geantwortet: „In Erinnerung an die vielen Menschen, die in unserem Dorf 1915 wegen ihres christlichen Glaubens umgekommen sind. Wir wollen und können sie nicht vergessen".

Weiter wurde mir gesagt: „Mehr und mehr kommen Familien aus dem Ausland auf Besuch, die ursprünglich aus Bote stammen und jetzt wieder nach Ihrem Dorf schauen. Sie sollen eine Mitte haben und die Möglichkeit zu übernachten und sich zu verpflegen". Vergangenheit und Zukunft wird hier zusammengeschlossen, dachte ich. Mir fiel ein Segenswort ein, das mich schon lange begleitet:
„Freude denen, die kommen; Friede denen, die bleiben; Segen denen, die wieder gehen".

Summary

This is one of the most difficult and delicate chapters of the history of Turkey and the minorities: Armenians, Assyrians, Chaldeans, Syriac and Greeks, because Turkey's understanding of this historical fact is quite different from the one of the minorities.

I think it is a fact that in 1915 and the years before hundreds of thousands of people had to die, they lost their lives at a time of great conflicts. At that time the government of Turkey was responsible for the death of about 1.4 million people of Armenians and about 500.000 people of Assyrians, Chaldeans, Syriac, Greeks. The government wanted to clean the country from all non-Turks.

Therefore it is very important that we do not speak only about the Genocide which the Armenians suffered but in the same way about the Genocide which the Assyrians, Chaldeans, Syriac and Greeks suffered. For example in each village of Turabdin Syriac inhabitants lost their lives or fled to the desert of Syria, to Northern Iraq or to other areas.

For example I met an old woman in Inwardo – she died some years ago – and she told me her impressions about the Genocide in her village in Turabdin and how the church of the village saved people who looked for security against the Turkish government the so called "Young – Turks". In the same way I met descendants of Armenians during my visits in Northern Iraq. In the village of Avzerok I spoke with them and heard something about their ancestors.

I mentioned Father Yussuf Akbulut in Diyarbakir who spoke in an interview about the Genocide of his people. He was very courageous to do this because he knew that it is forbidden in Turkey to speak about that Genocide in public. He was arrested and accused. In the third trial he was acquitted. These weeks and months

Der renovierte **Innenhof der Kirche in Bote**

were a big challenge for Father Yussuf and his family but in the same way for all his countrymen in Turabdin or abroad.

There have been discussions in Germany about the acknowledgement of the massacres of 1915 as a "Genocide". But the Germans are very reluctant to come to a decision in such a delicate point because many Turks live in their country and there are many economic contacts between Turkey and Germany. If Germany used the term "massacre" for this historical fact nobody could predict how Turkey would react to such a decision. It is a very delicate and difficult problem!

Was es aus den letzten Jahren sonst noch zu berichten gibt

– einige ausgewählte Ereignisse

Die Stadt **Hesno d'Kifo (Hasankeyf)** mit einem alten Minarett, Tor zum Turabdin von Norden her

Was es aus den letzten Jahren sonst noch zu berichten gibt

– einige ausgewählte Ereignisse

Mor Gabriel – 1600 Jahre alt

In Bezug auf das letzte Jahrzehnt des 20. Jhd. erinnere ich mich noch gerne an jenen Höhepunkt, der mit dem Kloster Mor Gabriel im Jahr 1997 verbunden war: Das Kloster feierte seinen 1600. Geburtstag. Die Gründung geht auf das Jahr 397 A.D. zurück. Viele Feierlichkeiten fanden damals statt und viele Besucher aus der ganzen Welt kamen im Lauf jenes Jahres ins Kloster. Auch die „Solidaritätsgruppe Turabdin" kam mit einer ökumenisch zusammen gesetzten Gruppe, um Erzbischof Timotheos und der ganzen Klostergemeinschaft zu gratulieren und ökumenische Grüsse von unseren Kirchen zu überbringen. Die Gemeinschaft mit den langjährigen Freunden im Kloster, die Begegnungen und Gespräche in jenem Jahr taten gut.

Das Dorf Sare

Das Dorf war im Jahr 2004 und danach immer wieder in die Schlagzeilen gekommen. Die Bewohner des Dorfes, es waren syrische Christen, hatten zehn Jahre zuvor auf Grund der angespannten Situation ihr Dorf verlassen und sind nach Europa gezogen. 2004 wollten einige wieder zurückkehren, aber das Dorf war in der Zwischenzeit von kurdischen Dorfwächtern und ihren Familien besetzt. Es kam zu heftigen Streitigkeiten zwischen Christen und Muslimen. Erst durch den Einsatz von deutschen Menschenrechtsorganisationen (z.B. Gesellschaft für bedrohte Völker, Hoffnungszeichen), von Einzelpersonen und vor allem nach dem persönlichen Einsatz des türkischen Vali in Sirnak wurden die Kurden nach zähen Verhandlungen zum Gehen veranlasst. Sie hinterließen leider Spuren der Verwüstung. Und sie verlangten noch eine Summe Geld, mit dem die Christen gleichsam ihr Dorf frei kaufen mussten – was für ein System!

Die Kurden wohnen nur wenige Kilometer entfernt und haben sich an den Rückkehrern gerächt, die zusammen mit dem „Dorfverein Sare" im Ausland angefangen haben, ihr Dorf zu renovieren. Die Kurden haben zweimal die Felder und Bäume des Dorfes angezündet, gleichsam einen wichtigen Teil ihrer Existenzgrundlage. Im Jahr 2006 sah ich die verbrannten Flächen. Wie lange wird es dauern, bis auf dieser verbrannten Erde wieder Pflanzen wachsen können? Mögen die Bewohner von Sare nach all diesen Schwierigkeiten endlich ihren Frieden in ihrem Dorf finden.

Reste einer **alten Brücke über den Tigris**

Tigris bei Hesno d'Kifo (Hasankeyf) – 20 km entfernt wird der Ilisu Staudamm gebaut; in wenigen Jahren wird alles überflutet.

Abuna Daniel entführt

Ende November 2007 machte die Nachricht die Runde – im Turabdin und im Ausland: Der Abt Abuna Daniel vom Kloster Mor Yakub in Salah wurde auf dem Weg nach Hause gekidnappt und entführt. Wir machten uns Sorge um Abuna Daniel und seine Freunde im Turabdin und ahnten, welche Unruhe der Überfall auf einen Mönch und auf einen religiösen Würdenträger im Turabdin auslösen könnte. Wir waren froh, als wir zwei Tage später die Nachricht bekamen, Abuna Daniel ist wieder frei. Er wurde in Batman, ca. 80 km von Salah entfernt, wo ihn die Kidnapper hin gebracht hatten, wieder abgeholt. Die Kidnapper wollten mit ihrer Aktion anscheinend Geld erpressen, bekamen aber keines, weil keines vorhanden war. Der Advent konnte beginnen!

Hasno d'Kifo (Hasankeyf) steht vor dem Aus

Diese alte Stadt mit ihrer vielfältigen Kultur – sie war einst das Tor zum nördlichen Teil von Mesopotamien – ist leider dem Untergang geweiht. Die Stadt, bis zum Völkermord 1915 christlich geprägt, ist heute rein kurdisch. Die Stadt liegt am Tigris. Ca. 20 km Fluss aufwärts wird der gigan-

Auf einen der **Brückenpfeiler** baute sich eine Familie eine **Wohnung**.

Der **Abt von Mor Yakub, Abuna Daniel**; er wurde im Dezember 2007 entführt; nach einigen Tagen kam er wieder frei.

tische Ilisu-Staudamm geplant. Die Bauarbeiten sind im Gange. Die Türkei hat den ersten Spatenstich im August 2006 vorgenommen. Die Stadt und ihre Umgebung werden weichen müssen, wenn es so weit ist. Die alte Kultur wird untergehen, die alten Kirchen und Klöster, die Moscheen und Felsenhöhlen, deren Bausubstanz nicht mehr die beste ist, aber an die Kultur und an das religiöse Leben zurückliegender Jahrhunderte, ja Jahrtausende erinnern, werden dann vollends dem Untergang preisgegeben.

Die Stadt und die umliegenden Dörfer sollen an anderer Stelle wieder aufgebaut werden, weil das ganze Gebiet geflutet wird. Wer einmal in Hasankeyf war, wird diese eindrucksvolle Stadt nicht mehr vergessen, die Stadt am Tigris, die jetzt wirtschaftlichen Überlegungen im Wege steht. Das ehemalige Kloster Mor Aho – auch eines der vielen Klöster des Turabdin – etwa 20 km von Hasankeyf entfernt und dem Zerfall preisgegeben, besuchte ich noch im Jahr 2006 ebenso wie die Stadt. Lange wird sie nicht mehr zu besuchen sein und der Prospekt wird dann verschwinden, der Hasankeyf als einen Ort besingt, an dem „Geschichte und Natur zusammen tanzen".

Versöhnung wird angesagt

Auch das gibt es in diesem sensiblen Bereich „Genozid 1915", fast ein kleines Wunder oder doch ein großes? Am 17.05.2009 wurde vom „Seyfo Zentrum" Holland ein Brief veröffentlicht, der ein „Brief an die Öffentlichkeit" ist. In diesem Brief teilte ein Kurde aus der Provinz Siirt mit – im Südosten der Türkei gelegen – dass er sich nach langen Überlegungen und intensiven Nachforschungen entschlossen hat, sein persönliches Eigentum und seinen Landbesitz in seinem Dorf an das Seyfo Zentrum zu übergeben. Er sei zu der Einsicht gekommen, dass er zu Unrecht dieses Eigentum von seinen Vorvätern bekommen hätte, da sie es sich im Zuge des Genozids von 1915 angeeignet haben. Er wolle, so heißt es in diesem Brief an die Öffentlichkeit, mit dieser Rückgabe an die Nachkommen der Besitzer ein Zeichen der Versöhnung geben und zugleich eigene Schuld bekennen.

In dem Brief heißt es am Schluss: „In diesem Brief wollte ich die Beweggründe für mein Handeln sowohl der türkischen Regierung als auch der internationalen Öffentlichkeit erläutern. Es lässt sich keine vergleichbare Geste der Versöhnung und Entschuldigung für den Völkermord in der Türkei finden. Die Zeit ist gekommen, Assyrer, Armenier und Griechen, welche viele Jahre zu Angst, Trauer und Verzweiflung verurteilt gewesen sind, um Entschuldigung zu bitten. Jeder Einzelne kann selbst um Entschuldigung bitten, ohne auf die offizielle staatliche Haltung in dieser Frage Rücksicht zu nehmen. Dies ist eine Voraussetzung, um die beschriebene historische Schuld zu einem Ende zu bringen und endlich in Frieden leben zu können". Möge es viele solcher Briefe und Gesten noch geben!

Renovierte Kirche in **Sare**

Fortschrittsbericht der Türkei 2009

Die Türkei will Mitglied der Europäischen Gemeinschaft (EU) werden. Die Beitrittsverhandlungen begannen im Jahr 2005 und werden sicher noch Jahre andauern. Es ist noch längst nicht ausgemacht, ob die Türkei ihr Ziel erreichen wird oder nicht. In der Türkei und auch im Ausland wird diese Frage sehr kontrovers diskutiert und beurteilt. Die Fortschritte, die die Türkei in den verschiedenen Bereichen gemacht hat, werden jeweils im Herbst in einem sog. Fortschrittsbericht festgehalten. Mitte Oktober 2009 wurde der „Fortschrittsbericht 2009" vorgelegt. In einem Artikel von n-tv.de heißt es am 14.10.2009 sinngemäß: „Türkei macht kaum Fortschritte". Die EU Kommission prangerte in dem neuen Fortschrittsbericht zur politischen Entwicklung des Landes mangelnde Religionsfreiheit für Christen und unzureichende Meinungsfreiheit in der Türkei an. Neben einer Stärkung der Meinungsfreiheit wird die Verbesserung der Rechte christlicher und anderer nichtmuslimischer Glaubensgemeinschaften angemahnt. Hier seien „erhebliche weitere Anstrengungen notwendig".

Die **Umgebung von Sare**: Verbrannte Bäume und Felder (Foto: 2006)

www.n-tv.de/tuerkei-macht-kaum-fortschritte-article241153.html)

Sie finden den ganzen englischen und deutschen Text des Fortschrittsberichtes 2009 im Internet:

http://ec.europa.eu/enlargement/pdf/key_documents/2009/tr_rapport_2009_en.pdf

Besonders interessant für unseren Zusammenhang ist 2.2 Menschenrechte und Schutz der Minderheiten.

Summary

In this part I would like to mention some points about the development of the situation recently which seems to be of parti-

Ehemalige Bewohner von Sare auf Besuch in ihrem Dorf

cular importance in my opinion.

At first there is the Anniversary of the monastery of Mor Gabriel in 1997. The "Solidarity Group Turabdin" visited the monastery together with a number of Christian pastors and priests, members of human rights organizations and journalists, university teachers and delegates of the board of Local Churches. It was an impressive group of christian representatives of several churches. To the people taking part this visit will remain unforgettable!

Secondly there is the difficult situation of the village of Sare near Bsorino. The inhabitants of this village – they are Syriac Christians – left their village in the last decade of the 20th century, because the situation had become too dangerous for them. At the beginning of this decade some of them wanted to return to their village, but it was occupied by Curds. It was very difficult for the owners to convince the occupiers to leave their village. The Vali of Sirnak was one of the mediators. When the Curds eventually decided to leave they devastated the village and went to the neighbourhood. They took revenge on the Christian owners of the village by setting fire to their fields and trees round their village twice. Nevertheless the inhabitants of the village started to rebuild their village because a part of them wanted to live there again in spite of everything that had happened.

Another point is the kidnapping of Abuna Daniel, the abbot of the monastery of Mor Yakub in Salah. I remember that there was a very bad situation for all, because nobody knew who the kidnappers were and which were the reasons for the deed. Therefore we were very glad when we heard two days later that Abuna Daniel was free and somebody could pick him up by car and take him from Batman to Salah. Anxiety and psychic pressure burdened the abbot and all the Christians in Turabdin because nobody knew who would be the next victim.

Fortunately there was also a sign of hope and reconciliation: A curd gave back his property to "Seyfo Centre Holland" because he said: "That's not mine. It is unjust that I got it from my ancestors before". That was his personal understanding after many historical investigations. His ancestors took it during the "1915 Genocide" and made it their property. His idea was the following: "I will give it back today to the real owners, to the descendants of Assyrians, Armenians and Greek people." That is what the curd said. He is still living in the province of Siirt in the South East of Turkey. He wrote a "letter to the public" and described his reasons for acting thus. He said he hopes that other people would follow his example. "Everybody can do this", were his words.

To me that is a small maybe even a great miracle in an area of great tension. But the incredible can happen, if somebody makes a start.

I would like to mention the situation of

Hesno d'kifo (Hasankeyf) on the Tigris. This old town – the door to the North part of Mesopotamia – will be closed within a number of years. The reason for this is: 20 km upstream Turkey is building a big dam. When it is finished the whole region – for example Hasankeyf and the villages in the surroundings – will be flooded. Hasankeyf will be rebuilt in a higher area, but the whole of the culture – old churches, mosques, caves in the rock, old houses etc. – will be destroyed. A couple of years later the end of this marvellous town will be a fact.

My last point deals with the latest EU report about progress in Turkey because Turkey wants to become a member of the EU. Such a report about the development in Turkey has to be written every year and the last one dates from 2009. The EU report has to prove progress in Turkey for example in the area of protection of minorities, rights of the minorities, religious freedom etc.

Among other things you can read the following statements in the 2009 EU report. In an article of n-tv.de (dated 14.10.2009) about the "Progress Report 2009" you find this:

"Turkey has to do more for religious freedom, for freedom of thought and for the rights of Christian and other non-Muslim communities of faith". The headline of this article is "Hardly any progress in Turkey".

On the Internet you can find the "Progress Report 2009" on the website of "eu – enlargement"

http://ec.europa.eu/enlargement/pdf/key_documents/2009/tr_rapport_2009_en.pdf

There is one part which is particularly important with regard to our context: 2.2 Human Rights and Protection of Minorities.

Erzbischof Timotheos Samuel Aktaş

– die Stimme des Turabdin

10

Erzbischof Timotheos Samuel Aktaş, verantwortlich für die Diözese Turabdin

10 Erzbischof Timotheos Samuel Aktaş

– die Stimme des Turabdin

Erzbischof Timotheos kam im März 2010 auf Einladung der Evangelischen Landeskirche in Württemberg und der „Solidaritätsgruppe Turabdin und Nordirak" nach Deutschland. Dort wurde er von Landesbischof Dr. h.c. Frank O. July und von Vertretern der Kirchenleitung empfangen. Er hatte die Gelegenheit, bei der gerade tagenden Synode der Landeskirche zum ersten Mal ein Grusswort zu sprechen.

Die „Solidaritätsgruppe Turabdin und Nordirak" hatte Erzbischof Timotheos zu ihrer jährlichen Jahrestagung eingeladen mit der Bitte, dort einen aktuellen Bericht über die gegenwärtige Situation des Klosters Mor Gabriel und des Turabdin zu geben. Erzbischof Timotheos war das erste Mal als Gast bei der Jahrestagung dabei.

Beide Texte – das Grusswort in der Synode und der Vortrag bei der Jahrestagung 2010 wurden aus dem Aramäischen ins Deutsche und Englische übersetzt.

Summary

Archbishop Timotheos was invited by the Evangelical Lutheran Church in Württemberg (Stuttgart) and by the "Solidarity Group Turabdin and Northern Iraq" in March 2010 to give a report on the situation in Turabdin. The Bishop of Turabdin was invited to speak in the Synod of the Evangelical Church in Württemberg. He was welcomed by Bishop Dr. h.c. O. Frank July. Archbishop Timotheos was a guest at the annual meeting of the "Solidarity Group Turabdin and Northern Iraq", too. He gave a very personal report on the current situation in Turabdin and the monastery of Mor Gabriel.

The following text is the Archbishop's speech in the Synod. Then follows the Archbishop's address to the Solidarity Group. Both texts were origanally written in Aramaic, the mother tongue of the Syriac Christians and were translated into German and English.

Grusswort von Erzbischof Timotheos bei der „Landessynode" der Evangelischen Landeskirche in Württemberg am 11. März 2010 in Schwäbisch Gmünd

Hochwürdiger Amtsbruder Bischof July, liebe Schwestern und Brüder in Christus!

Es ist mir eine große Freude, als Metropolit der Syrisch-Orthodoxen Kirche von Antiochien an Ihrer Synode teilzunehmen und ein Grußwort an Sie zu richten. Zugleich darf ich Ihnen auch die Grüße und Gebete unseres Patriarchen, Seine Heiligkeit Patriarch Ignatius Zakka I. Iwas überbringen. Seit 1985 bin ich nun Metropolit der Diözese Turabdin und habe seitdem viele Einladungen zu Besuchen und Vorträgen von Staaten und Schwesterkirchen erhalten; doch es ist das erste Mal, dass ich an einer Synode teilnehme.

Wie Sie wissen, ist die Situation der Christen im Südosten der Türkei, im Turabdin, durchwachsen: In den letzten 30 Jahren haben wir Höhen und Tiefen erlebt und erlitten. Ich erinnere mich an Zeiten, in denen wir wenig zu Essen hatten, in denen wir aufgrund der angespannten Situation nicht wussten, was am nächsten Tag auf uns zukommen wird. Ich erinnere mich, dass Tausende aus dem Turabdin ihre Heimat verließen, um in der Ferne eine neue Heimat zu finden. Ja selbst unsere Priester kehrten ihrer Heimat den Rücken zu und ließen ihre Gemeinden im Stich. Wir harrten im Kloster aus, beteten und hofften auf eine Verbesserung der Situation. Manche verloren ihr Leben, die wie wir aus Liebe zur Heimat und aus Treue zum Glauben im Turabdin blieben. Andere wurden misshandelt und alle lebten in ständiger Angst.

Kloster Mor Gabriel

Bäume spenden Schatten und schützen vor der Sonne

Nun leben wir im Jahr 2010. Unser Land möchte in die Europäische Union (EU) aufgenommen werden. Wir als Kirche erhoffen uns davon eine grundlegende Verbesserung der rechtlichen und gesellschaftlichen Situation der kleinen christlichen Minderheiten im Lande. So leben im Turabdin, einem einst urchristlichen Land, nur noch 391 Familien, wirken nur noch sechs Priester, leben noch zehn Mönche und 22 Nonnen in fünf Klöstern. Es ist erfreulich, dass die syrisch-orthodoxen Christen in ihrer neuen Heimat ihre alte Heimat nicht vergessen. Einzelne Familien sind in ihre Heimat wieder zurückgekehrt bzw. sind dabei, es zu tun. Dazu gehören auch Familien aus Göppingen.

Erzbischof Timotheos liest im **Evangeliar von Hah** aus dem Jahr 1227 n. Chr.

Wenn ich von meinem Amtssitz, dem Kloster Mor Gabriel hinausschaue, in das weite Land des Turabdin, das Land der Knechte Gottes, dann spüre und empfinde ich jetzt im Winter die Ruhe, im Frühling sehe ich die Farbenpracht, im Sommer spüre ich den Wind, der die Hitze erträglich macht und im Herbst sehe ich das Fallen der Blätter. Es ist wie ein Paradies, das uns von Gott als Geschenk gegeben wurde. Doch die Realität ist eine ganz andere! So ist, wie Sie wissen, die Existenz unseres Amtssitzes, das Kloster Mor Gabriel, das im Jahr 397 A.D. gegründet wurde, sehr bedroht. Was soll ich sagen? Wir haben viele Angehörige unserer Diözese verloren, unser Hab und Gut in den Dörfern und jetzt möchte man uns auch noch unsere Heiligtümer wegnehmen.

Wir, die syrisch-orthodoxen Christen, sind Menschen, die mit ihren Nachbarn friedlich und in geschwisterlicher Verbundenheit leben wollen. Aber das Zentrum unserer Kirche lassen wir uns nicht wegnehmen. Wir werden es bis zum letzten Atemzug verteidigen, weil wir das Recht auf unserer Seite wissen! Dankbar stelle ich fest: Tausende syrisch-orthodoxe, katholische und evangelische Christen auf der ganzen Welt stärken uns den Rücken im Kampf um unser Recht auf unsere angestammte Heimat.

So nütze ich hier und jetzt die Gelegenheit, dem deutschen Staat, den Schwesterkirchen und den Bürgerinnen und Bürgern dieses gesegneten Landes für den vielfältigen Einsatz für unser Kloster von Herzen zu danken. Mein besonderer Dank gilt der Evangelischen Landeskirche in Württemberg, die uns in den 80er und 90er Jahren des letzten Jahrhunderts moralisch und finanziell beigestanden ist und die jetzt sich bereit erklärt hat, den Einbau einer Heizung mit zu finanzieren; denn im Winter ist es im Kloster sehr kalt und die Verantwortlichen im Kloster, unsere Schüler und Nonnen sind durch ständige Erkältungen gesundheitlich gefährdet.

Als Zeichen meiner Wertschätzung und Dankbarkeit überreiche ich Ihnen, sehr geehrter Herr Bischof July, stellvertretend für alle evangelischen Christen Ihrer Landeskirche ein Kreuz, das Zeichen unserer Erlösung und Hoffnung, das Zeichen unserer Verbundenheit im christlichen Glauben; denn auch für uns Christen protestantischer, katholischer und syrisch-orthodoxer Konfession gilt: Jesus Christus ist das Fundament unseres Glaubens. Ihnen, liebe Synodalinnen und Synodalen wünsche ich den Segen Gottes des Vaters, des Sohnes und des Heiligen Geistes.

Address of the Archbishop Mor Timotheos Samuel Aktaş to the Synod of the "Evangelical Lutheran Church in Württemberg" in Schwäbisch Gmünd on March 11, 2010

Dear colleague, reverend Bishop July,
dear sisters and brethren in Christ,

it is a great pleasure for me, the Archbishop of Turabdin and of the Syriac Orthodox Church of Antiochia, to take part in your synod and to deliver an address to you. At the same time I have the pleasure to bring to you the greetings and prayers of our Holiness, Patriarch Ignatius Zakka I. Iwas. I have been the archbishop of the diocese of Turabdin since 1985 and I have received many invitations for visits and lectures by states and sister churches, but it is my first participation in a synod.

As you know, the situation of the Christians in Turabdin, in the south-east of Turkey, has become very critical. In the last 30 years we have experienced and suffered many ups and downs. I remember times when we did not have enough food, when we did not know – because of the tense situation – what would happen the following day. I remember thousands, even tens of thousands, leaving my diocese to find new homes abroad. Indeed, even our priests left their homes and abandoned their congregations. We stayed on in the monastery praying and hoping for an improvement of the situation. Some of the people who stayed on in Turabdin like us, who loved their homes and were devoted to their faith lost their lives. Others were maltreated and all had to live in constant fear.

Now we are living in the year 2010. Our country would like to become a member in the European Union (EU). As a church we hope that this will lead to a fundamental improvement of the legal and social situation of the small Christian minorities in Turkey. Turabdin, once an early Christian country, today only houses 391 families, six priests, ten monks and 22 nuns in five monasteries. It is a sign of hope that the Syriac Christians living in their new homes do not forget their old homes. A number of families have returned to their homes, some others are preparing to do so. Some of these are living in Göppingen near Schwäbisch Gmünd.

When looking out from my official residence, the monastery of Mor Gabriel, surveying the vast land of Turabdin, the land of God's servants, then I feel the rest and calm of the present winter time. At springtime I can observe glorious colours. During summer I feel the wind which makes the heat tolerable. In autumn I see the falling of the leaves. It is like a paradise given to us as God's present. But reality is quite different! Thus, as you know, the existence of our official residence, the monastery of Mor Gabriel, which was founded in 397 A.D., is threatened. What can I say? We have lost many members of our diocese, our properties in the villages have been

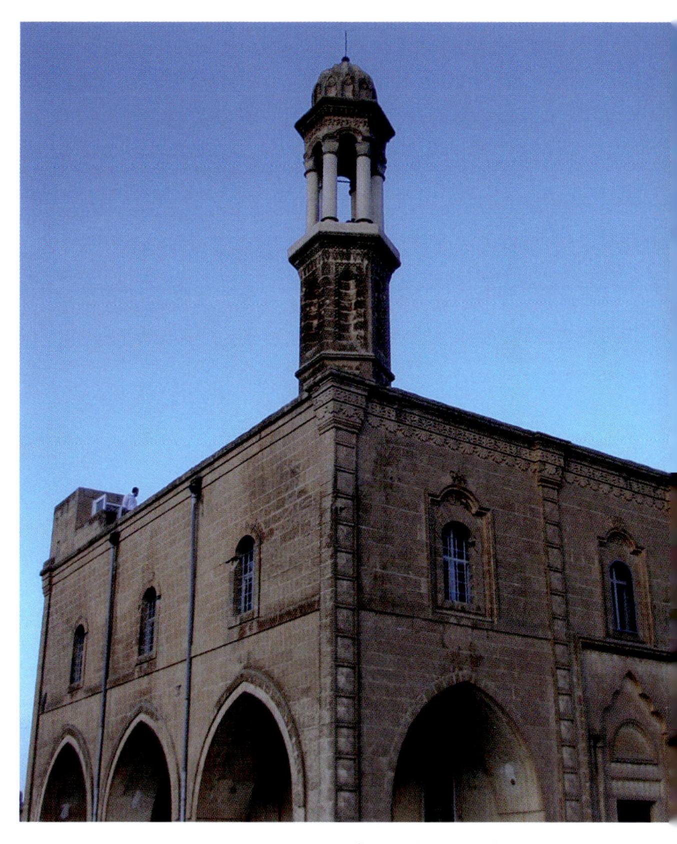

Die **Protestantische Kirche in Midyat**

Jesus wird verhaftet (Bild aus dem **Evangeliar von Hah**)

(Foto von 2008)

alienated and now they even want to take away our sanctuaries.

We, the Syriac Christians, are people who want to live in peace with our neighbors and we practice fraternal solidarity. But we stand up against the robbery of the center of our church. We will defend it to the last breath, because we know the law is on our side! I am very grateful to remark this: Thousands of Syriac, Catholic and Protestant Christians all over the world support us in the fight for our right to our ancestral home.

Well I take the opportunity now to express my gratitude to the German State, the sister churches and the citizens of this blessed country for various applications and supports which our monastery got in the past. My special gratitude goes to the "Evangelical Lutheran Church in Württemberg" which supported us morally and financially in the 80s and 90s of the last century. And we have been informed that you have agreed to fund the installation of a heating system in our monastery of Mor Gabriel, because it is very cold in the monastery during wintertime. The health

Seit 28 Jahren ist er verantwortlich für die Evangelische Kirche.

of our staff, our students and our nuns is in danger by permanent colds.

As a sign of my appreciation and gratitude I present a cross to you, dear Bishop July, as the head representative of all Protestant Christians in your part of Germany. The cross is the symbol of our redemption and hope, the sign of our unity in the Christian faith, because it is very important to our Christian, Protestant and Syriac Orthodox faith that Jesus Christ is the foundation of our faith. Let me address you, dear members of the synod, by saying: may the blessings of God the Father, the Son and the Holy Spirit be with you all the time.

Archbishop Timotheos Samuel Aktaş

Der Turabdin heute – ***Vortrag von Erzbischof Timotheos bei der Jahrestagung der „Solidaritätsgruppe Turabdin und Nordirak" am 13. März 2010 in Nürnberg***

Liebe Mitglieder der Solidaritätsgruppe Turabdin und Nordirak! Liebe Brüder und Schwestern in Christus!

Ich möchte mich herzlich bedanken für die freundliche Einladung zu dieser Jahrestagung.

Ich bin glücklich hier zu sein und die Gelegenheit zu haben, mit Euch unsere Erfahrungen zu teilen und auch die gegenwärtige Situation im Turabdin zu erörtern. Wir sind Euch schon seit langem zu Dank verpflichtet für all Eure intensive Arbeit und Unterstützung. Ich hoffe, dass meine Anwesenheit Euch weiterhin ermutigt, Eure gesegnete Arbeit für Eure christlichen Brüder und Schwestern im Turabdin fortzusetzen.

Zuerst möchte ich es ganz klar machen, dass es nicht unsere Absicht ist, irgendjemand zu verletzen. Wir als christliche Minderheit haben immer für Frieden und Respekt für unsere Mit- Nachbarn gearbeitet, indem wir ständig für Verständnis und Toleranz geworben haben. Wir haben dies in Wort und Tat demonstriert. Leider entspricht das nicht den Erwartungen einiger Leute. Trotz der Reserviertheit anderer fühlen wir uns durch unseren christlichen Glauben und unsere menschliche Natur dazu verpflichtet, auf dem Weg des Friedens, des Respekts und der Liebe zu allen voran zu gehen – und diese Verpflichtung erfüllen wir aus ganzem Herzen. Wir sind so viele Kompromisse eingegangen, um diesen Frieden zu bewahren. Und wir glauben, dass dies wechselseitig sein muss.

Glaubt mir, ich bete viel dafür, dass dies so wäre, und dass ich Euch berichten könnte, dass alles bei den Christen im Turabdin in Ordnung ist. Aber das würde der Wahrheit nicht entsprechen. Die Wahrheit ist: Trotz der Entwicklungen, die in unserem Land gerade stattfinden, und besonders während des letzten Jahrzehnts, in dem sich unser Land der EU genähert hat, haben wir nur sehr kleine Verbesserungen erlebt, die

Blick auf das **Dorf Bsorino (Basibrin)**; es soll 25 Kirchen gehabt haben.

unsere Rechte als christliche Minderheit betreffen. Die Versprechungen, die von der gegenwärtigen Regierung gemacht und durchgeführt wurden im Blick auf Veränderung und Verbesserung, haben vielleicht der Türkei geholfen, ihre EU-Mitgliedschaft voranzutreiben. Aber aus Sicht der christlichen Minderheit haben die Veränderungen und Verbesserungen wenig dazu beigetragen, die Schwierigkeiten der Christen im Turabdin zu beseitigen. Die Versprechungen, die den Minderheiten gemacht wurden bezüglich ihrer Religionsfreiheit und ihrer Eigentumsrechte scheinen nur „Rechte" auf dem Papier zu bleiben, und nur sehr selten, wenn überhaupt werden sie in die Praxis umgesetzt.

Die gegenwärtigen juristischen Verfahren gegen das Kloster Mor Gabriel, mit dem Ziel, sein Land ungerechterweise zu enteignen, haben einige unheilvolle Absichten erkennen lassen und haben bei der Lösung der Angelegenheit das wahre Gesicht der staatlichen Verwaltung enthüllt. Wir hielten die Angelegenheit, die den Besitz des Klosters Mor Gabriel betraf, für ein sehr einfaches Problem. Aber es ist nun ein sehr schwieriges Problem geworden. Bedauerlicherweise müssen wir befürchten, dass es jetzt zu einem Politikum geworden ist. Wir wandten uns an die lokale Verwaltung im Vertrauen darauf, dass die Gerichte die Prinzipien von Gerechtigkeit, Fairness und Gleichheit aller vor dem Gesetz aufrecht erhalten würden, aber der Einfluss einiger Muslime vor Ort gegen die angestammte christliche Minderheit im Turabdin und gegen das Kloster Mor Gabriel hat sich als wirkungsvoller erwiesen. Unter völliger Verletzung des internationalen Rechtes und der Türkischen Verfassung richtete sich der Gerichtsentscheid gegen das Kloster Mor Gabriel. Das war der Fall trotz der überwältigenden und nicht umkehrbaren Beweislast, die wir vorweisen konnten, um den Anspruch auf unsere Landrechte zu untermauern. Wir haben nun fünf Gerichtsverfahren, die weiter gehen. Alle sind ein Versuch, sich unser Land anzueignen. Wir stehen nun in akuter Gefahr, unser Land zu verlieren in Folge von unbegründeten Ansprüchen von dritter Seite und des Türkischen Staates. Es gibt andere syrische Christen in anderen Dörfern rund um den Turabdin, die ähnlichen Problemen gegenüber stehen.

Es ist ein Glücksfall für uns, dass die europäischen Länder das Geschehen mit großer Wachsamkeit verfolgt haben. Deutschland ist eines der führenden Länder, das dieser Sache große Beachtung und Fürsorge geschenkt hat. Der Deutsche Botschafter Dr. Eckart Cuntz hat verschiedene Male den Turabdin besucht, um sich ein Bild aus erster Hand zu machen. Leider sind die gerichtlichen Schritte gegen das Kloster Mor Gabriel noch weit entfernt von einer Lösung. Intensive Hilfe wird noch erforderlich sein, um eine gerechte Lösung nicht nur für das Kloster Mor Gabriel, sondern auch für die christliche Minderheit im Turabdin zu garantieren. Interessanterweise sehen wir viele ähnliche Probleme von Eigentumsrechtsfällen an anderen Orten der Türkei mit anderen Gemeinschaften, aber sie werden viel leichter gelöst.

Das Kloster Mor Gabriel ist eines der ältesten christlichen Klöster, das bis heute noch Gottesdienste feiert. Es stört uns deshalb ganz besonders, dass nach 1600 Jahren andere versuchen, uns unser Land wegzunehmen. Das Kloster Mor Gabriel ist das Herz und die Seele der syrischen Christen. Wir kämpfen darum, dass es unser Eigentum bleibt. Die gegenwärtige Situation ist sehr deprimierend. Wir haben sehr große Sorgen um die Sicherheit und das Weiterleben der Christen im Turabdin. Mit großer Traurigkeit gehen wir einen gefährlichen Weg, der uns abwärts führt und der vielleicht sogar dazu führen kann, dass die syrischen Christen aus ihrem ursprünglichen Heimatland vertrieben werden, wo sie seit tausenden von Jahren gelebt haben.

Trotzdem lassen wir die Hoffnung nicht sinken. Wir haben schon früher solche Erfahrungen durchgemacht und diejenigen von Euch, die in den Turabdin gekommen sind, werden sich an manche dieser zurückliegenden Erfahrungen erinnern können. Die Situation für die Christen im Turabdin hatte einen äußerst kritischen Punkt erreicht, der ihre Lebensbedingungen von Tag zu Tag schwieriger gemacht hatte. Gerade an jenem Punkt sandte Gott Euch, unsere Brüder und Schwestern in Christus, zu uns als Hilfe. Gott hat uns ermutigt und hat uns stark gemacht, die Schwierigkeiten der Vergangenheit zu überwinden, uns gegen die ungerechte und unfaire Behandlung zu stellen und unsere Existenz im Turabdin zu erhalten. Wir können sagen, dass das Überleben der Christen in der Diözese Turabdin fast einem Wunder gleich kommt.

Wie Menschen des Glaubens es tun, so haben auch wir auf Gott gehofft. Wir glauben, dass Gott auch die schlimmste Situation in eine gute verändern kann, so dass wir mit unseren Nachbarn im Frieden leben können. Niemand sollte abgewiesen oder in irgend einer Weise ausgeschlossen werden weder vom Staat, von einer Gruppe oder einer Person, noch von den grundsätzlichen Bestimmungen der Menschenrechte, von Gerechtigkeit und Gleichheit – schließlich sind wir doch alle eine menschliche Familie, die erschaffen wurde von dem gleichen Gott. Wir lieben unser Land, das unser ursprüngliches Heimatland ist. Es ist der Ort, an dem wir geboren wurden und an dem wir tausende von Jahren gelebt haben und, so Gott will, für viele kommende Jahre leben werden. Wir kamen nicht aus fremden Ländern, deshalb haben wir auch kein anderes Land, in das wir jetzt gehen könnten. Hunderte von Kirchen und Klöstern in der Region, die Kreuze und andere christliche Symbole, die aus Stein gemeißelt wurden, die Heiligen, die Kultur, die Geschichte, die syrischen Menschen – das alles weist eindeutig darauf hin. Angesichts fortgesetzter Verfolgung sind wir stolz, das Kreuz

Das Kloster Mor Gabriel ist umgeben von **Obstbäumen**.

unseres Gottes hoch zu halten so wie es unsere Vorfahren taten. Lasst den Namen unseres Gottes gesegnet sein.

Hier möchte ich die große Unterstützung und unsere Dankbarkeit erwähnen, die die Christen im Turabdin durch die „Solidaritätsgruppe Turabdin und Nordirak" und durch die „Freunde des Turabdin" erfahren haben. Pfarrer und Prof. Dr. Hans Hollerweger und Pfarrer Horst Oberkampf haben beide Pionierarbeit geleistet und haben außergewöhnlich hart und in wahrer christlicher Solidarität für den Schutz und das Weiterleben der syrischen Christen im Turabdin gearbeitet. Sie sowie auch ihre intensiv arbeitenden und hoch engagierten Freunde haben immer wieder den Turabdin besucht und haben die Syrer im Turabdin moralisch und finanziell unterstützt. Sie haben eine unauslöschliche Erinnerung hinterlassen und haben weltweit den Turabdin zu einem Zentrum der Aufmerksamkeit gemacht, besonders durch die Veröffentlichung einer Vielzahl von Büchern über den Turabdin. Ich möchte Euch allen meinen tiefen Dank aussprechen. Das sind die verborgenen Helden!

Schließlich möchte ich noch sagen, dass wir als verschiedene Glieder am selben Leib Christi die Aufgabe haben, füreinander zu sorgen. Wenn wir sehen, dass ihr alle uns, die Christen vom Turabdin, unterstützt, sind wir getröstet, ermutigt und mit Hoffnung erfüllt bezüglich der Situation der Christen in unserer Region. Wir ermuntern Euch, Eure segensreiche Arbeit fortzusetzen und für uns zu beten. Wir möchten Euch zugleich wissen lassen, dass auch wir für Euch beten, damit Gott Eure Arbeit und Euer Leben gedeihen lasse. Ich schließe damit, dass ich Euch die Liebe und die Grüße der Mitglieder meiner Diözese übermittle. Möge Gottes Gnade mit Euch sein und Euch segnen. Ich danke Euch allen!

Erzbischof Timotheos Samuel Aktaş

Turabdin today – *Report by Archbishop Timotheos in the annual conference of the "Solidarity Group"* – 13.03.2010

Dear Members of Solidarity Group of Turabdin and Northern Iraq! Dear Brothers and Sisters in Christ!

I would like to thank you for your kind invitation to this annual meeting.

I am delighted to be here and to have the opportunity to share with you our experiences and current status in Turabdin. We are already indebted for all your hard work and support and I hope my presence here will further encourage you to continue your blessed work for your Christian brothers and sisters in Turabdin.

Firstly, I would like to make it abundantly clear that our intention is not to offend anyone. We, as a Christian minority, have always worked for peace and respect for our fellow neighbours by continually promoting understanding and tolerance. We have demonstrated this through our words and deeds and, unfortunately, this does not fit well with the expectations of some. Despite the reservation of others, our Christian faith, and human nature itself, obliges us to press forward on the path of peace, respect and love for all – and we happily perform this obligation. We have compromised so much to preserve this peace, and we believe that this must be reciprocal.

How much I pray it were the case that I was able to tell you that everything is fine with the Christians in Turabdin but that would not be the truth. The truth is that despite the developments that are taking place in our country, and especially during the last decade of the EU process, we have seen very little improvements regarding our rights as a christian minority. The promises made and carried out by the present government for change and improvement may have helped Turkey pressing forward for its EU membership, but from its christian minority perspective, the improvements and changes have done little to eliminate the difficulties against Christians in Turabdin. The promises made regarding the minorities and their religious freedom and property rights, seem to remain only "rights" on paper and very rarely, if ever, are put into practice.

Auf den Dächern der Häuser werden Trauben und Feigen getrocknet.

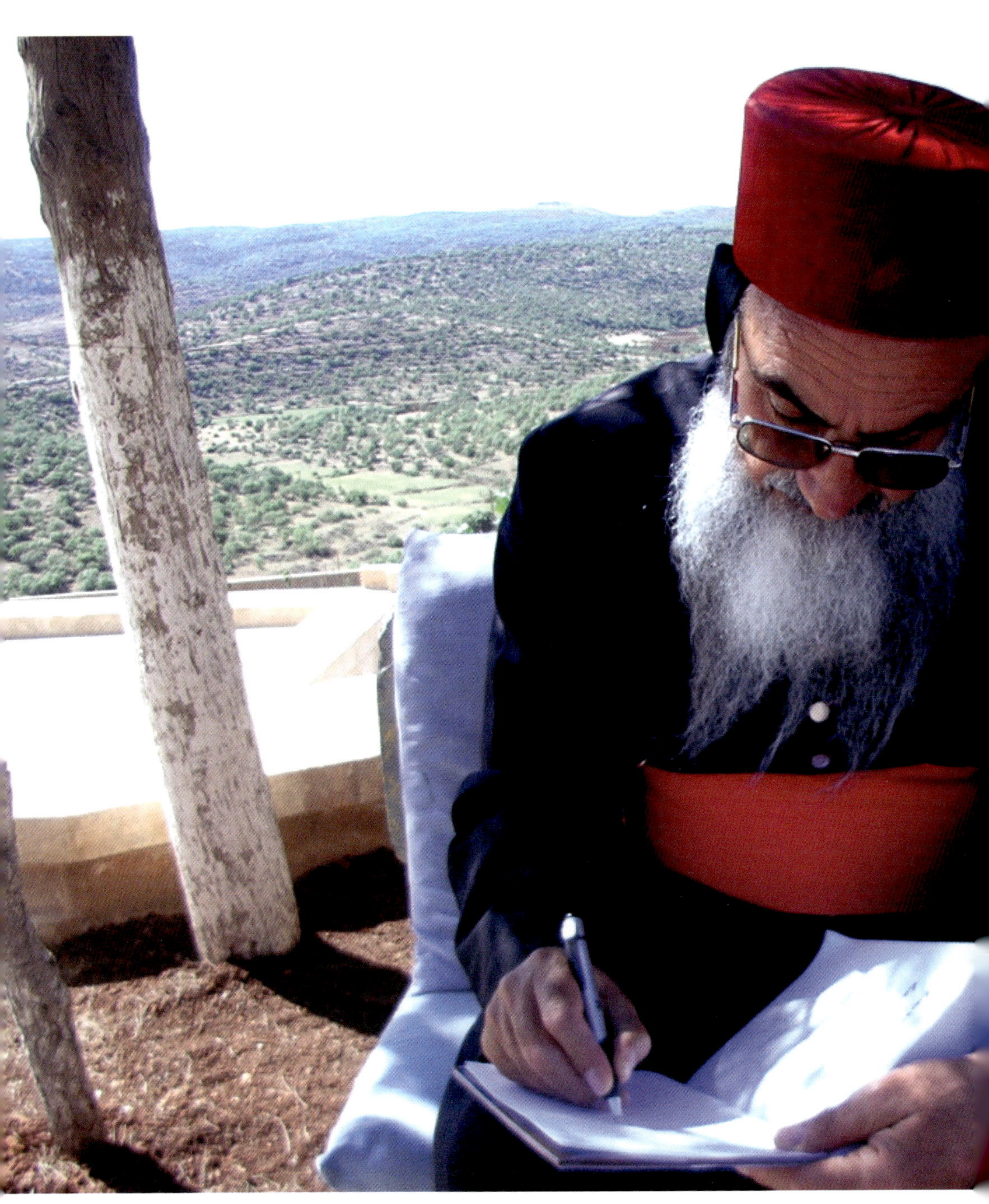

Der Hirte der Diözese Turabdin, **Erzbischof Timotheos Samuel Aktaş**; er leitet seit 1985 die Diözese Turabdin; sein Sitz ist im Kloster Mor Gabriel, in dem er zuvor schon viele Jahre Abt war. Der Bischofssitz ist normalerweise Midyat. Dort gibt es auch die „Bischofskirche". Die Renovierung und Erweiterung des Klosters Mor Gabriel ist sein Lebenswerk.

The current legal proceedings against the monastery of Mor Gabriel to unjustly take its land has fanned out some sinister intentions and exposed the true nature of the authorities in resolving the matter. What we thought was a very simple problem of Mor Gabriel monastery's property has become a very difficult one and sadly to say we are afraid that it has now become a political problem. We went to the local authorities trusting that the Courts would uphold the principles of justice, fairness and equality of all before the law, but the influence of some local Muslim people against the indigenous christian minority of Turabdin and Mor Gabriel monastery has been more effective. In complete violation of international law and the Turkish Constitution, the Court ruled against the monastery of Mor Gabriel. This was despite the overwhelming and incontrovertible body of evidence we had to support our land rights claim. We now have five legal cases going on; all in an attempt to keep hold of our land, which we have a real chance of losing as a result of unfounded claims by third parties and the Turkish State. There are other Syriac Christians in other villages around Turabdin who face similar problems.

We are fortunate that the EU countries have been keeping a vigil eye on the proceedings. Germany has been one of the leading countries to take serious note and concern of the matter with the German Ambassador Dr. Eckart Cuntz visiting Turabdin several times to see the matter first hand. Unfortunately, the proceedings against the monastery of Mor Gabriel are far from resolved and much help is required to ensure a just outcome not only for Mor Gabriel, but all the christian minorities in Turabdin. Interestingly, we see many similar problems of property right cases in other places in Turkey with other communities, but they are resolved much more easily.

The monastery of Mor Gabriel is one of the oldest christian monasteries in service to date and it greatly disturbs us that after 1600 years, others are trying to take our lands away from us. The monastery of Mor Gabriel is the heart and soul of the Syriac Christians and we are in a battle to keep hold of it. The current situation is not promising and we have very serious concern for the safety and preservation of the Christians in Turabdin. With great sadness, we are heading down a dangerous path which may see Syriac Christians wiped out from their indigenous homeland where they have lived for thousands of years.

We are hopeful none the less. We have been through such experiences before and those of you who have come to Turabdin will be able to recall some of these past experiences. The situation for the Christians in Turabdin had reached a dangerously critical level which had made

Besucher im Kloster Mor Gabriel (Foto: 1995)

their living conditions difficult day by day. It was at that point that God sent you, our brothers and sisters in Christ, to our aid. God has encouraged us and strengthened us to overcome the difficulties in the past; to stand against unjust and unfair treatment and preserve our existence in Turabdin. We can say that the survival of the Christians in the Diocese of Turabdin falls just short of a miracle.

As people of faith, we have hope in God and believe God can change even the worst of situations to good so that we may live in peace with our neighbours. No one should be denied or deprived in any form, whether by the State, group or person, the fundamental tenets of human rights, justice and equality – after all, we are a human family created by the same God. We love our country which is our indigenous homeland; the place where we were born and have lived for thousands of years and, God willing, for the great many years to come. We did not come from foreign lands so we have nowhere else to go. The hundreds of churches and the monasteries in the area, the crosses and other Christian symbols carved on stones, the Saints, the culture, the history, the Syriac people unequivocally testify to this. In the face of continual persecution, we are proud to be holding the Cross of the Lord, as our forefathers did. Let the Name of the Lord be blessed.

Here I would now like to mention the great support and gratitude for the "Solidarity Group of Turabdin" and the "Friends of Turabdin" to the Christians in Turabdin. Rev and Prof Dr. Hans Hollerweger and Rev Fr Horst Oberkampf have both pioneered and worked exceptionally hard and in real Christian solidarity for the protection and preservation of Syriac Christians in Turabdin. They, along with other hard-working and committed friends, have continually visited Turabdin and supported the Syriac people in Turabdin both morally and financially. They have left a lasting memory and have introduced Turabdin to the wider world, especially by publishing a great number of books on Turabdin. I would like to express my many thanks to them and their co-workers; they are the hidden heroes.

Finally, as different parts of the same Body of Christ we need to care for one another. When we see you all supporting us, the Christians in Turabdin, we are comforted, encouraged and filled with hope about the Christian situation in the area. We encourage you to continue your blessed work and pray for us. We would like you to know that we also pray for you so that the Lord may prosper you with your work and life. I conclude by conveying you the love and greetings of the members of my diocese.

May the grace of God be with you all and bless you. Thank you all.

Archbishop Timotheos Samuel Aktaş

Impressionen
Menschen im Turabdin

Gespräch in Bote zwischen **Malfono Isa** und **Janet Abraham**

Nonnen des Klosters Mor Gabriel

Malfono Isa Dogdu und **Abuna Habip** (Göppingen) beim Besuch in Midun

Abuna Yusuf Akbulut aus Omid (Diyarbakir)

Nach dem Gottesdienst am Sonntag in Anhel (Foto: 2006)

Erzbischof Philoxinos Saliba und Yusuf Begtas vom Kloster Deyrulzafaran

Hori (Dekan) **Gabriyel** Akyüz von Mardin

Resolution zur aktuellen Situation der syrischen Christen und besonders des Klosters Mor Gabriel

11

(März 2009)

Die Überreste des **Klosters Mor Lazoor (Lazarus)**, bekannt durch die Säule in der Mitte

11 Resolution zur aktuellen Situation der syrischen Christen und besonders des Klosters Mor Gabriel

(März 2009)

Vorbemerkung Bei der Jahrestagung März 2009 in Augsburg wurde auf dem Hintergrund der Auseinandersetzungen des Klosters Mor Gabriel eine Resolution zur aktuellen Situation der syrischen Christen verabschiedet. Sie wurde vom Leitungsteam der „Solidaritätsgruppe Turabdin und Nordirak" vorbereitet. Die Resolution richtet sich vor allem an Türkische Politiker und Medien. Der Text lautet:

Resolution der 17. Jahrestagung der „Solidaritätsgruppe Turabdin und Nordirak" zur Situation der Syrisch-Orthodoxen und besonders des Klosters Mor Gabriel in der Türkei

Wir sind in großer Sorge um das Kloster Mor Gabriel im Südosten der Türkei, das durch die Anklagen von drei Nachbardörfern – unterstützt durch einflussreiche Feudalherren aus der Region – in verschiedene gerichtliche Auseinandersetzungen verwickelt wurde. Es geht um den Landbesitz des Klosters und um die Grenzen seiner Ländereien.

Mor Gabriel ist eines der ältesten Klöster der Christenheit (gegründet 397). Seit Jahrhunderten ist es ein geistliches Zentrum der Syrisch-Orthodoxen Kirche im Turabdin. Zugleich ist es für viele Menschen heute ein wichtiger touristischer Anziehungspunkt.

Die gegenwärtigen Auseinandersetzungen vor dem Amtsgericht in Midyat rühren an grundsätzliche Fragen der Christen in der Türkei. Die genannten Probleme scheinen unserer Meinung nach vorgeschoben zu sein. Denn mit dem gleichen Problem kämpft die Mehrheit der christlichen Dörfer des Turabdin auch. Es geht letztlich um den Status der syrischen Christen in der Türkei und um ihre Rechte als Minderheit.

Die syrischen Christen in der Südosttürkei sind als Nachfahren der altorientalischen Völker Mesopotamiens – Assyrer, Babylonier und Aramäer – Träger einer der ältesten Kulturen der Welt. Ihre heute noch gesprochene Sprache ist das Aramäische, welche auch von Jesus Christus gesprochen wurde. Diese gehört zu den ältesten uns bekannten und ununterbrochen bis zum heutigen Tag gesprochenen Sprachen der Menschheit!

Als Folge von Verfolgung und Massakern, von Vertreibungen und Missachtung der Menschenrechte leben heute nur noch rund 2000 syrische Christen in ihrer angestammten Heimat. Die gegenwärtig wieder aufkommenden Anfeindungen durch ihre Umgebung stellen eine erneute Gefährdung ihrer Existenz in der Türkei dar.

„Das Recht ist das Fundament des Staates", gilt als Grundsatz Mustafa Kemal Atatürks. Auf dieser Grundlage wurde die Türkische Republik 1923 gegründet. Wir stellen aber fest, dass dieser Staat seit seiner Gründung seinen syrisch-orthodoxen Staatsbürgern elementare Rechte verweigert. Sie sind weder als eine religiöse noch

Mor Yakub in Nisibis

Mor Yakub in Nisibis (Nusaybin); ein Team von Archäologen aus Mardin möchte das alte Kloster aus dem 4. Jhd. n. Chr. rekonstruieren; Mor Yakub gründete die erste theologische Universität.

Das **Grab von Mor Yakub**

als eine ethnische Minderheit offiziell anerkannt. Die Rechte für nicht-muslimische Minderheiten, die im Lausanner Vertrag in den Artikeln 37 – 45 festgeschrieben wurden, werden ihnen bis heute vorenthalten.

Daher fordern wir die Türkische Regierung nachdrücklich auf,

- die kleine Gemeinschaft der syrischen Christen für das Land als Bereicherung zu sehen, und sie als Bürger der Türkischen Republik unter den besonderen Schutz des Staates zu stellen;
- die Klöster- und Kirchenanlagen der syrischen Christen mit Unterstützung des Staates vor Zerfall und Enteignung zu schützen;
- den syrischen Christen die Freiheit zur

Kloster in Dayro Daslibo (Dersalip)

Religionsausübung zu gewähren – dies schließt ihre Anerkennung als eine nicht-muslimische Minderheit nach dem Lausanner Vertrag ein;
- den syrischen Christen religiöse Ausbildungsstätten nicht nur offiziell zu erlauben, sondern auch finanziell zu fördern, wie dies auf muslimischer Seite in der Türkei schon immer geschieht;
- durch Genehmigung und Förderung von Sprachschulen den Erhalt der Sprache und Kultur der syrischen Christen zu unterstützen. Denn die aramäische Sprache ist nach neuesten Angaben der UNESCO in der Türkei vom Aussterben bedroht.

Nur so werden die syrischen Christen ihre Zukunft in der Türkei sicher und gleichberechtigt gestalten und einen positiven Beitrag für die Entwicklung der Türkei leisten können.

Verantwortlich:
Leitungsteam der „Solidaritätsgruppe Turabdin und Nordirak"

Augsburg, 14. März 2009

Weitere Informationen im Internet:
www.nordirak-turabdin.info

Schwester Maria in Dayro Daslibo

Summary

At the last annual meeting (March 2009) the responsible team of "Solidarity Group of Turabdin and Northern Iraq" proposed a resolution about the Syriac Christians of Turkey. They formulated demands on the background of the present trials in which the monastery of Mor Gabriel is involved. Especially these demands are designed for politicians and for newspapers in Turkey to show the society which problems the Syriac Christians have to face as an ethnic and religious minority in Turkey.

Again and again we have seen the same reasons for the problems of the Syriac

Christliche Frau aus Midyat

Christians: Unfortunately the laws and the rights of the Treaty of Lausanne 1923 are not granted to the non-Muslim minorities, as e.g. the Syriac Christians. They have no protection although they are regular citizens of Turkey and belong to one of the oldest minorities in Turkey.

In this resolution the following demands were raised:

- The Syriac Christians need the protection of the Turkish State. It is necessary to see the cultural richness of this group for the Turkish society.
- It is necessary to protect the old buildings (monasteries and churches) of the Syriac Christians.
- It is necessary to guarantee religious freedom and the free exercise of their faith.
- It is necessary to support the education of the Syriac Christians in the same way as the Muslims get support by the state.
- It is necessary to support the study and the conservation of the old language of Aramaic. In the UNESCO news we read that the old language of Aramaic is threatened by extinction.

We ask the responsible politicians in Turkey to grant these rights and demands to the Syriac Christians.

Then the members of this minority will have a safe future with equal rights.

More information on our website:

www.nordirak-turabdin.info

Korn wird gemahlen (Foto: 1995)

Religionsfreiheit ist ein Grundrecht

12

– Anmerkungen zum Streit um Minarette in der Schweiz

Ein **Steinbogen aus vorchristlicher Zeit** neben dem Kloster Mor Yakub in Salah
Die Steine wurden vor einigen Jahren zusammen gegipst.

12 Religionsfreiheit ist ein Grundrecht

– Anmerkungen zum Streit um Minarette in der Schweiz

Aus aktuellem Anlass möchte ich noch einige Anmerkungen zum Konflikt „Bau von Minaretten" in der Schweiz machen, weil er m. E. auch Konsequenzen für den Turabdin und für die Christen in der Türkei insgesamt hat. Was war passiert?

In einer Volksabstimmung in der Schweiz wurde am Sonntag, 29. November 2009 – am ersten Advent – ein weit reichender Beschluss mit überraschend deutlicher Mehrheit gefasst. Es ging um die Ablehnung vom Bau neuer Minarette. Dazu wurde aufgerufen. Initiiert und vorbereitet wurde dieser Volksentscheid von der „national-konservativen Schweizerischen Volkspartei" (SVP). Diese Abstimmung wurde mit einer klaren Mehrheit von 57, 5 % gewonnen d.h. in Zukunft dürfen in der Schweiz keine neuen Minarette mehr gebaut werden. Im Klartext heißt das: „Der Bau von Minaretten ist verboten".

Dieser Beschluss wurde nicht nur in der Schweiz, sondern auch in anderen euro-

Klosterkirche von Mor Hananyo (Foto: 2006)

päischen Ländern sehr unterschiedlich aufgenommen. Die einen begrüßten diesen Beschluss, weil hier ein deutliches Signal vor allem von national konservativ gesinnten Bürgern und Bürgerinnen gegen einen „militanten und fundamentalistischen Islam" gegeben wurde. Politiker in der Schweiz betonten, dies sei nicht gegen den gesamten Islam gerichtet, sondern lediglich gegen eine, von vielen als gefährlich eingestufte Richtung des Islam. Die anderen waren bestürzt über diesen Beschluss, weil sie darin einen Angriff auf die Religionsfreiheit und auf die Toleranz sehen, also auf zwei Rechte, die in Europa zu den Grundrechten des Miteinanders gehören. Zugleich wird hier auch ein Angriff auf die Integration von Muslimen in die jeweilige Gesellschaft und auf das interreligiöse Gespräch gesehen.

Die einen freuen sich, die anderen sind erschrocken und traurig über diesen Volksentscheid unseres Nachbarn. Wir wissen noch gar nicht, welche Konsequenzen dieser Beschluss in der Schweiz und, man darf sicher auch sagen, in ganz Europa haben wird. Wie wird die muslimische Welt auf diesen Beschluss reagieren?

Ich möchte hier für mich sagen: Ich kann diesen Beschluss in der Schweiz nicht unterstützen. Was dort beschlossen wurde, muss für viele gut gesonnene Muslime wie ein Affront sein. Sie kommen sich plötzlich wie ausgeschlossen aus der Gesellschaft vor. Ich möchte Muslime nicht ausschließen, sondern in unsere Gesellschaft mit einbeziehen, weil sie oft schon viele Jahre oder Jahrzehnte hier wohnen. Ich möchte ihre Anliegen mit unterstützen. Das hat dann aber auch Konsequenzen, die bis in die Türkei reichen und dort die Christen betreffen.

Nach muslimischem Verständnis gehört zu einer Moschee das Minarett dazu. Über die Höhe muss vor Ort sachlich und freundlich miteinander geredet werden. Ich denke, dass überzogene Forderungen von muslimischer Seite nicht unbedingt zum Miteinander in einer Stadt oder einem Ort beitragen. Deshalb werden immer wieder auch Kompromisse gesucht werden müssen, mit denen beide Seiten leben können. Jeder muss immer wieder auf den anderen zugehen, damit gemeinsam eine Lösung gefunden wird. Christen müssen die Anliegen der Muslime vor Ort hören und umgekehrt Muslime müssen die Ängste und Vorbehalte der Christen vor Ort hören. Es muss solange diskutiert werden, bis eine Lösung gefunden ist, die beide mit tragen können.

Wir leben als Christen in Freiheit in unserem Land und müssen dankbar sein, dass das Recht der Religionsfreiheit für uns ein ganz wichtiges Recht ist, das wir ohne Angst für uns beanspruchen dürfen. Dies gilt nicht nur für die Christen in Deutschland und in anderen europäischen Ländern, sondern auch für andere Religionen, sofern sie sich an die „Spielregeln" des jeweiligen Gastlandes halten und die Standards beachten, die im jeweiligen Land gelten. Was ich für mich in Anspruch

Abt Isho vom Kloster Mor Malke

nehme, muss auch für meinen Nachbarn gelten, der einer anderen Religion angehört. Um seine Religion würdig und mit anderen zusammen ausüben zu können, sind „Gotteshäuser" und keine Hinterhöfe notwendig. Deshalb haben wir als Christen unsere Kirchen, die Muslime haben ihre Moscheen.

Jetzt kommt für mich aber der wichtigste Punkt und der hängt nun sehr eng mit dem Turabdin und mit den dort lebenden Christen, aber auch mit den Christen insgesamt in der Türkei zusammen. Bleiben wir bei den syrischen Christen, von denen dieses Buch handelt. Ihnen ist es nicht erlaubt, neue Kirchen zu bauen. In Deutschland wurden in den letzten Jahren viele Moscheen genehmigt und gebaut, weil zur Ausübung des eigenen Glaubens jeweils auch ein entsprechendes Gotteshaus dazu gehört. Wenn das in Deutschland gefordert wird und oft sogar von vielen Christen im Rahmen eines guten nachbarschaftlichen Miteinanders mit unterstützt wird, warum ist das dann den syrischen Christen in der Türkei nicht erlaubt? Wo ist hier die Unterstützung der Muslime? Ich kann doch nicht etwas nur für mich fordern und dem anderen verbiete ich es. Das Recht, das ich fordere, muss auch für den anderen gelten, auch wenn wir in unterschiedlichen Gesellschaftssystemen leben.

Wenn die muslimischen Freunde in Deutschland sich immer wieder auf dieses Grundrecht der Religionsfreiheit berufen und damit auch die Forderung nach ei-

Abt Isho

nem eigenen Gotteshaus begründen, warum wird dann den Christen in der Türkei dieses wichtige Recht nicht genauso zugestanden wie den Muslimen in Deutschland? Sicher, auch hier bei uns ist noch manches zu tun und noch manches kann besser gemacht werden. Aber es geht zunächst um diese Grundeinstellung: Was ich für mich fordere, muss auch für den anderen gelten. Und die Christen in der Türkei sehnen sich nach Religionsfreiheit!

Warum wird den Christen im Turabdin das Recht auf Religionsfreiheit nicht gewährt, das schon im Lausanner Vertrag von 1923 für die nicht-muslimischen Minderheiten fest geschrieben wurde und das von Muslimen in anderen Gesellschaften Europas eingefordert wird? Warum dürfen die syrischen Christen im Turabdin nicht ihren Glauben leben, wie sie es gewohnt sind? Warum dürfen sie ihre Muttersprache, die aramäische Sprache, nicht offen und ohne Angst sprechen und an ihre Kinder und Jugendlichen in eigenen Schulen offiziell weitergeben? Warum dürfen sie als ethnische Gruppe von Aramäern und Assyrern ihre Kultur nicht so praktizieren, ohne Angst und ohne Druck, wie es ihnen von ihren Vorfahren überliefert wurde?

Renovierte Kirche von **Midun**

Der Bürgermeister von Midun

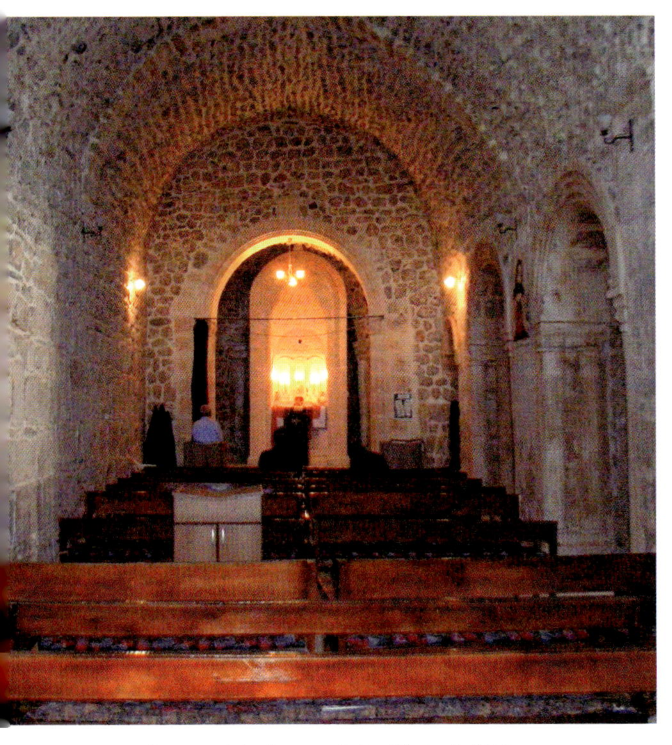

Innenansicht der renovierten **Kirche in Midun**

Ich könnte so weiter fragen, aber es soll genügen. Ich hoffe, dass eines in diesen Überlegungen ein wenig deutlich wurde: Ich darf letztlich nicht nur für mich und meine Freunde von meinem Gastland ständig fordern und darüber z.B. die religiösen und ethnischen Minderheiten in meinem Land vergessen, aus dem ich komme. Ich denke, ich darf Rechte nicht nur für mich einklagen und die Angehörigen von Minderheiten vergessen, die in meinem Land leben. Ihnen werden diese Rechte, die ich hier in europäischen Gesellschaften für meine Gruppe einfordere, vorenthalten. Es ist nach meinem Verständnis eine Frage der Glaubwürdigkeit und Ehrlichkeit, wie ich mit Rechten hier und dort umgehe.

Ich könnte es auch so formulieren: Ich möchte leben und mein Nachbar auch. Jeder von uns hat ein Recht auf Leben, auch wenn wir politisch anders denken und verschiedenen Religionen angehören. Das Recht, das für den einen Gültigkeit hat, muss auch für den anderen gelten, weil wir nicht Menschen erster und zweiter Klasse, sondern gleichberechtigt sind.

Die Vielfalt macht den Reichtum einer Gesellschaft aus. Für alle gelten die Menschenrechte. Sie sind unteilbar. Auf dieser Basis habe ich von den Verantwortlichen für Politik und Religion in der Türkei Erwartungen, aber auch von den Muslimen in der Türkei.

Summary

On November 29th, 2009, there was a plebiscite in Switzerland about the building of new minarets. The majority of the people taking part in this plebiscite voted "no". Thus it is a fact now: It is forbidden to build new minarets in Switzerland.

Reactions to this vote varied greatly. Part of the people agreed with the result of the vote, others disagreed and were very disappointed. You will find the same mixed reactions in other European countries. It has been said that the result of the ple-

Die wieder aufgebaute **Kirche Mor Eshayo in Anhel**

Blick vom Kirchendach auf das **Dorf Bote** mit großer Moschee

biscite is an attack against the freedom of religion, against the political integration of Muslims in their host countries and against all attempts at establishing dialogues between Muslims and Christians.

Personally I don't support this decision in Switzerland. I agree with the people who are disappointed about the outcome of the voting. My personal view is influenced by a number of issues. I have in mind the Syriac Christians and all the Christians in Turkey. I think the Muslims living in Europe must be allowed to practise their particular faith freely like the Muslims all over the world. It is a fact that a minaret belongs to a mosque. So the Muslims who want to build a new mosque have to discuss their project very frankly with the authorities in their town. Both sides have to treat each other with respect and they must find a solution that is acceptable to both sides.

Religious freedom is one of our basic rights in Europe. Christians are granted this basic right and they are grateful to enjoy it. They share this human right with members of other religions if they accept the laws and

Die renovierte **Kirche in Beth Zabday (Idil)**

regulations in their host country.

Muslims can build mosques in Germany and in many countries of Europe. In Germany they are allowed to build a mosque with a minaret. But officially the Christians living in Turkey are not allowed to build new churches; they cannot even build a school to teach their own language – notably Aramaic, a dialect of the mother tongue of Jesus Christ. The people of the Aramaic language group are thus excluded from exercising their right to religious freedom. Neither are the Syriac Christians of Turabdin allowed to practise the basic rights written down in the 1923 Lausanne Treaty in which all the rights granted to non-Muslim minorities were laid down.

If Muslims can build a mosque in Germany and if they normally get the permission to do so, why is it forbidden for Christians in Turkey to build a new church? Muslims can enjoy religious freedom in their host country and they are often supported by Christians if they want to build a mosque. This is why I ask myself: Why don't Muslims help Christians in Turkey – for example in Turabdin and in other places – to parti-

Die renovierte **Kirche Mor Kuryakos in Anhel** (Foto von 2009)

cipate in religious freedom and support Christians privately and in public by raising their voice for Christians so that Christians can live freely and in an open atmosphere in Turkey?

Die **Höhlenkirche in Marbobo**

Solidaritätsgruppe Turabdin und Nordirak

13

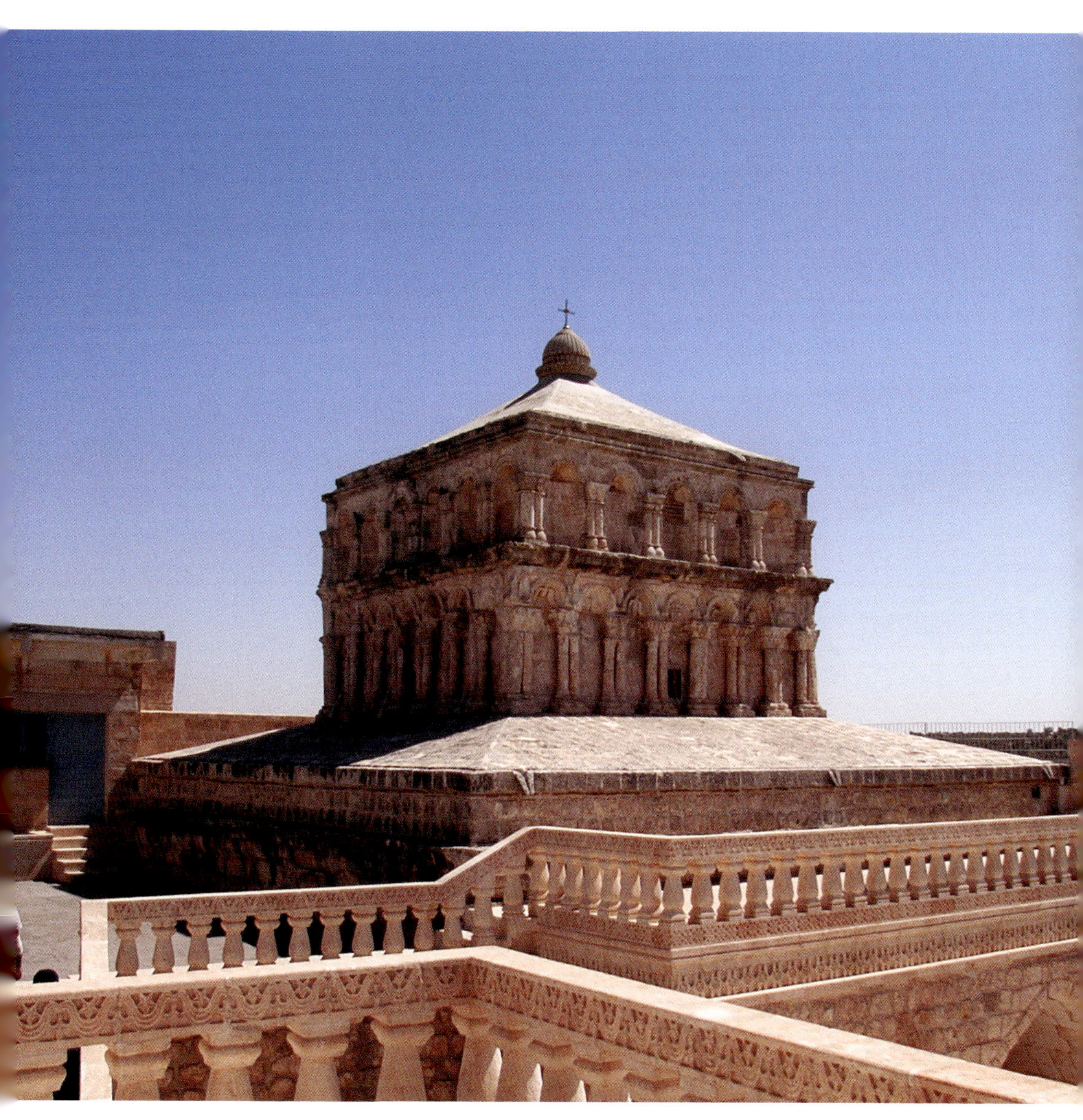

Marienkirche in Hah (Anith)

13 Solidaritätsgruppe Turabdin und Nordirak

In den vorliegenden Texten wurde die „Solidaritätsgruppe Turabdin und Nordirak" (SG) schon des öfteren erwähnt. Wer ist diese Gruppe, was macht diese Gruppe, seit wann besteht sie?

Einige Informationen dazu:

- Die SG wurde im Jahr 1993 als eine Initiativgruppe gegründet. Anliegen war, die verschiedenen Aktivitäten für den Turabdin zu koordinieren. Prof. Hollerweger, Linz und Pfarrer Horst Oberkampf, damals Bad Schussenried waren bis 2004 Sprecher der Gruppe. Seit 2005 wird die Solidaritätsgruppe von einem „Leitungsteam", bestehend aus fünf Personen, geleitet.
- Es gibt keine festen Mitglieder der SG. Sie ist bis heute eine Initiative. Wer sich dafür interessiert, ist zu den Jahrestagungen im Frühjahr eingeladen. Zum Leitungsteam gehören gegenwärtig: Janet Abraham, München – Dr. Shabo Talay, Erlangen – Kirchenrat Thomas Prieto Peral, München – Pfarrer i.R. Horst Oberkampf, Bad Saulgau – Kirchenrat i.R. Ernst Ludwig Vatter, Stuttgart – Rudolf Bausch, Stuttgart.
- In den zurückliegenden Jahren ging es vor allem um die Begleitung und um die moralische Unterstützung des Turabdin. Unsere Solidarität war und ist ganz auf den Turabdin gerichtet. Im Rahmen unserer Möglichkeiten wollten und wollen wir als SG dazu beitragen, dass der Turabdin erhalten bleibt.
- Aufgaben sind vor allem Kontakte zum Turabdin und Besuche im Turabdin – Weitergabe von aktuellen Informationen an Kirchen und Politiker – Förderung von Projekten – Sammlung und Verwaltung von Spenden – Unterstützung und Förderung der Menschenrechtsarbeit für den Turabdin – Veröffentlichungen – Vorträge usw.
- Seit 2005 wird der Blick nicht nur auf den Turabdin gerichtet, sondern auch auf den Nordirak. Kontakte zum Nordirak gab es schon seit 1991. Besuche, Kontakte, Unterstützung von Projekten, Veröffentlichungen, Vorträge usw. sollen den Kontakt zu den dort lebenden Christen verstärken. Die „Solidaritätsgruppe" heißt seitdem „SG Turabdin und Nordirak".
- In den Jahrestagungen werden jeweils Themen aus dem Bereich Turabdin und / oder Nordirak behandelt.
- Anliegen ist, immer wieder auf den Turabdin und den Nordirak hinzuweisen und aufmerksam zu machen, den dort lebenden Christen das Gefühl zu geben, dass sie nicht vergessen sind

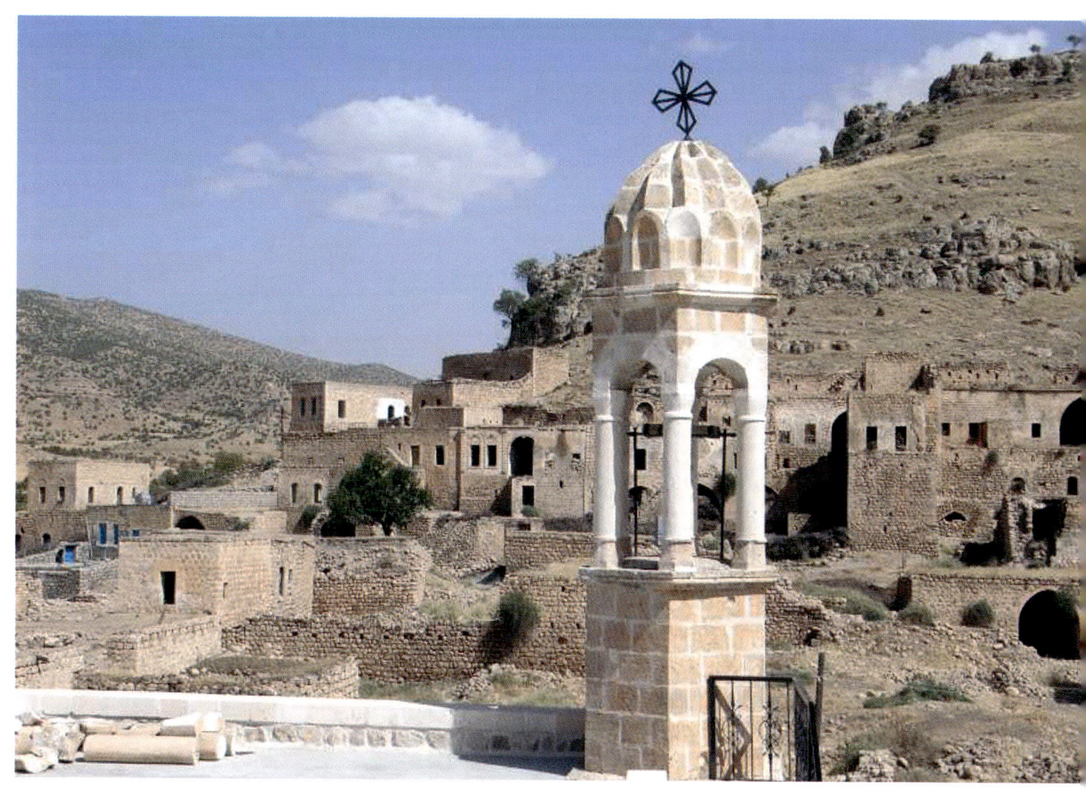

Die Kirche von Kelith

Das verlassene **Dorf Kelith** (Foto vom Jahr 1994)

Es wird gebaut in **Kelith** (Foto von 2006)

und in ökumenischer Solidarität ihnen, so gut wir können, zur Seite zu stehen.

Wer die Arbeit und die Projekte der „Solidaritätsgruppe" durch eine Spende unterstützen möchte, benütze das folgende Konto – geben Sie dabei bitte an, ob Ihre Spende für den Turabdin oder für den Nordirak bestimmt ist:

Solidaritätsgruppe Turabdin/ Nordirak
Evang. Kreditgenossenschaft
BLZ 520 604 10
Konto: 10 10 10 107
Stichwort: Name des Projektes

Überweisungen aus dem Ausland:
IBAN: DE04 5206 0410 0101 0101 07
BIC: GENODEF1EK1

Weitere Informationen im Internet:
www.nordirak-turabdin.info

Summary

The „Solidarity Group of Turabdin and Northern Iraq" is an initiative and was founded in 1993. Since 2005 we have supported the Christians in Northern Iraq, too. Now the head of the "Solidarity Group" is a team of five persons; in the past we had two speakers (Prof. Hans Hollerweger, Linz and Rev. Horst Oberkampf, formerly Bad Schussenried).

Our tasks in Turabdin and Northern Iraq are to look for contacts and to visit the re-

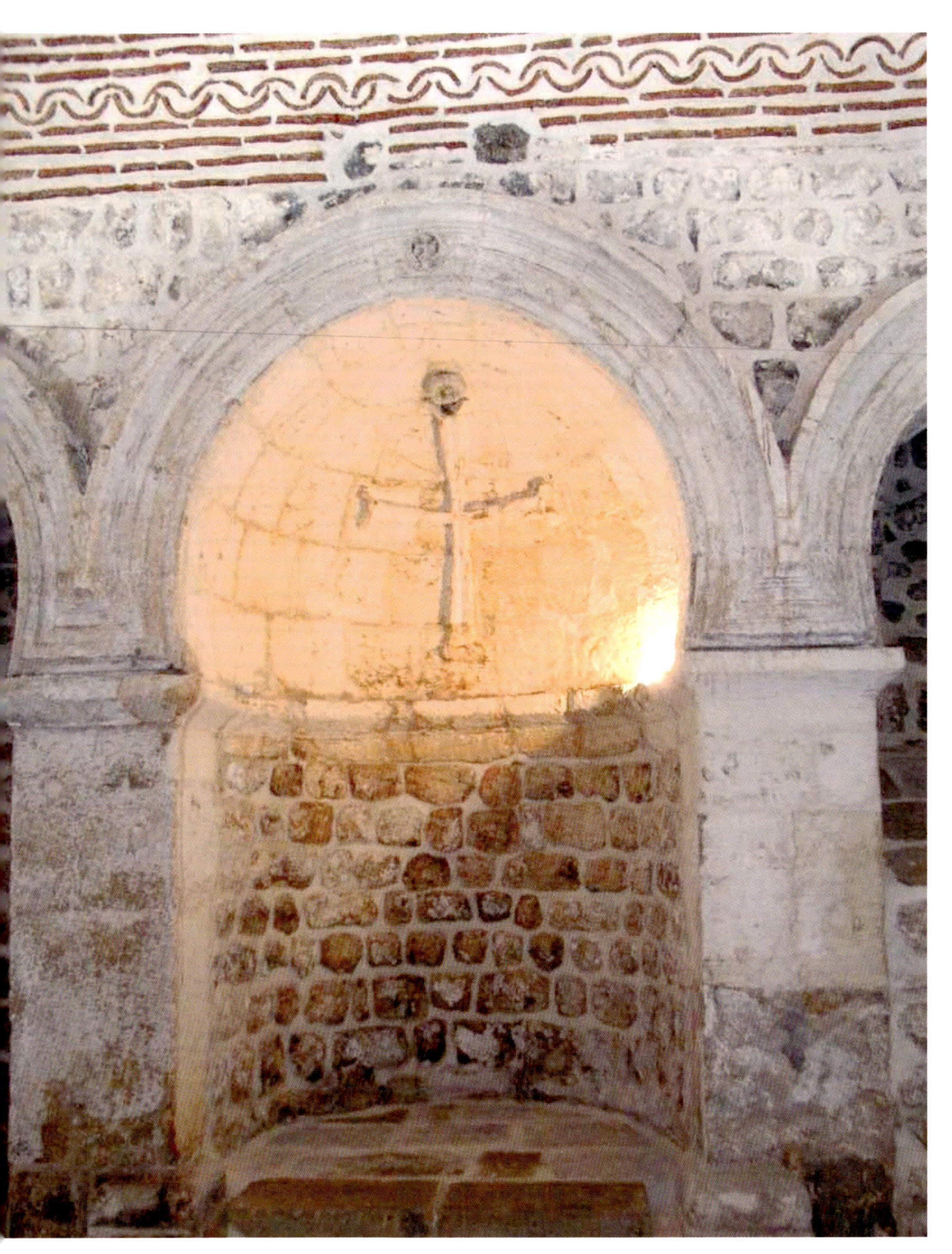

In der **Kirche von Kelith**

gion – to publish information in our churches and among politicians – to support projects – to support the work of Human Rights for both regions – to give lectures – to produce publications etc.

We try to inform people about Turabdin and Northern Iraq, to give Christians a sense that they have not been forgotten but that we all belong to the big family of God. We want to support the Christians there by making them feel our ecumenical solidarity.

More information:

www.nordirak-turabdin.info

The account of the "Solidarity Group" is at the end of the German text of this chapter! When you want to support the work and the projects of the Solidarity Group please use this account.

In der **Kirche im Kloster Mor Yakub** in Salah

Kapern werden in der Umgebung gesammelt, verarbeitet und ins Ausland verschickt.

Eine **kleine Fabrik** wurde in den letzten Jahren gebaut anstelle der früheren Weinkellerei. (Foto: 2006)

Meine Freunde lesen im **„Evangeliar“ von Kelith**

Die renovierte **Kirche von Kelith**

Der Turabdin heute – in Stichworten

14

Wissenswertes aus beiden Diözesen und der Syrisch-Orthodoxen Kirche

Mardin – die Stadt am Berg; oben: eine Radarstation; Mardin ist die östlichste NATO Station

14 Der Turabdin heute – in Stichworten

Wissenswertes aus beiden Diözesen und der Syrisch-Orthodoxen Kirche

- Turabdin heißt „Berg der Knechte Gottes“ und liegt im Südosten der Türkei an der syrischen und irakischen Grenze. Es ist die Heimat der syrischen Christen. Kirchen und Klöster prägen seit über 1600 Jahren dieses alte Gebiet des christlichen Glaubens.
- Der Turabdin erstreckt sich von Mardin im Westen bis Cizre im Osten, von Hasankeyf im Norden bis Nusaybin im Süden.
- Die Syrisch-Orthodoxe Kirche führt ihren Ursprung auf die Apostolische Gemeinde in Antiochia im Jahre 37 zurück. Sie erfuhr eine Erneuerung durch Ja'qob Burd'ona („der in Lumpen gehüllte“) im 6. Jhd., uns bekannt als Jakobus Baradäus, weshalb die Anhänger dieser Kirche auch „Jakobiten“ genannt wurden. Sie gehört den Kirchen mit „westsyrischer Tradition“ an.
- Die Blütezeit dieser Kirche war vom 7. – 13. Jahrhundert mit bekannten Theologen und Gelehrten, der letzte große Theologe und Universalgelehrte Bar Hebräus starb 1286.
- Sieben Sakramente hat diese Kirche: Taufe, Myronweihe, Eucharistie, Beichte, Krankenölung, Weihesakrament, Ehe.
- Die Liturgie wird in der Regel nach der Jakobsliturgie gefeiert; die Syrisch-Orthodoxe Kirche führt die Liturgie auf Jakobus, dem Bruder Jesu in Jerusalem zurück.
- Die Kirche kennt eine strenge Fastentradition, längere Zeiten vor den großen Kirchenfesten (Weihnachten, Ostern) und zwei Tage wöchentlich (Mittwoch u. Freitag).
- Brot und Wein, im Kelch vereint, werden dem Gläubigen bei der Eucharistie gereicht.
- Pfarrer können heiraten; der Bischof kommt aus der Mönchstradition, ist also unverheiratet.
- Die Syrisch-Orthodoxe Kirche anerkennt nur die drei ersten Konzile als für ihren Glauben verbindlich: Nicäa 325; Konstantinopel 381 und Ephesus 431. Die Bezeichnung für diese Kirche, sie sei in ihrer Christologie „monophysitisch“ d.h. sie bekenne nur die eine Natur, die „göttliche“ in Christus, trifft m. E. nicht zu. Nach dem Verständnis der Syrisch-Orthodoxen Kirche verbinden sich göttliche und menschliche Natur miteinander in Christus.
- Die Christen tragen die Bezeichnung „syrische Christen“ (in: Patriarchal Jour-

nal Dez. 1981 Nr. 10). Sie gehören zur Syrisch-Orthodoxen Kirche und sprechen einen Dialekt des Aramäischen, der Muttersprache Jesu. Sie gehören zu den wenigen, die diese Sprache heute noch sprechen. Sie feiern ihre Gottesdienste in dieser Sprache.

- Ethnisch gesehen führen die syrischen Christen im Turabdin ihre Herkunft und ihren Ursprung auf die Aramäer und Assyrer zurück.
- Die Syrisch-Orthodoxe Kirche ist eine der ältesten Kirchen des Christentums. Sie ist Mitglied im Ökumenischen Rat der Kirchen (ÖRK) in Genf.
- Das Patriarchat der Syrisch-Orthodoxen Kirche ist in Damaskus/Syrien. Das Oberhaupt der syrischen Kirche ist Seine Heiligkeit Ignatius Zakka I. Iwas.
- Es gibt heute zwei Diözesen der Syrisch-Orthodoxen Kirche im Südosten der Türkei: Die „Diözese Turabdin" und die „Diözese Mardin – Diyarbakir". Weitere Diözesen in der Türkei sind die „Diözese Istanbul" und die „Diözese Adiyaman".

Kloster Mor Lazoor: Auf der Säule soll ein Mönch vier Jahre asketisch gelebt haben. Er gehört zu den sog. „Säulen Stehern" (Styliten), eine besondere Form der Askese.

Abuna Gabriel, ein junger Mönch vom Kloster Mor Gabriel, spricht ein Gebet für die Verstorbenen.

- Die „Diözese Turabdin" wird seit 1985 von Erzbischof Timotheos Samuel Aktaş geleitet, die „Diözese Mardin – Diyarbakir" seit 2003 von Erzbischof Philoxinos Saliba Özmen und die „Diözese Istanbul", seit 1986 von Erzbischof Filüksinos Yusuf Cetin. Die „Diözese Adiyaman" wird seit 2005 von Bischof Grigorios Melki Ürek geleitet.
- Das Zentrum der Diözese Turabdin ist das Kloster Mor Gabriel; das Zentrum der Diözese Mardin ist das Kloster Mor Hananyo (Deyrulzafaran).
- Gegenwärtig leben und wohnen in der „Diözese Turabdin" 1590 Christen – mit leicht ansteigender Tendenz durch die Rückkehrer. Diese Zahl wurde vom Kloster Mor Gabriel für das Jahr 2008 genant. In Istanbul sollen es etwa 13.000 syrische Christen sein. In Deutschland sollen etwa 80.000 syrische Christen leben, die von 56 Pfarrern betreut werden – manche sprechen von höheren, andere von geringeren Zahlen. Es sind Schätzzahlen und keine exakten Zahlen.
- In der Diözese Turabdin gibt es noch folgende bewohnte Klöster: Mor Gabriel – Mor Malke – Mor Yakub in Salah – Dayro Daslibo (Dersalip). Neben dem Erzbischof gibt es in den verschiedenen Klöstern insgesamt neun Mönche.
- Im Turabdin sind gegenwärtig nur noch sechs Gemeindepfarrer (Qashe), zehn Dorflehrer (Malfonos), sieben Lehrer in den Klöstern und 22 Nonnen in verschiedenen Klöstern.
- Im Turabdin gehen 234 Schüler in die

Kirchenschulen.

- Midyat ist die größte Stadt mit dem größten Anteil an Christen in der Diözese Turabdin. Dort wohnen 121 Familien mit 434 Personen; in Midun wohnen 64 Familien mit 272 Personen; in Arkah (Harabale) wohnen 216 Personen und in Bsorino 140 Personen.
- Zur Diözese Turabdin gehören 24 Dörfer, in denen Christen leben.
- Jedes Dorf im Turabdin hat in Europa in der Zwischenzeit einen „Dorfverein" gegründet. Dort gehören die ehemaligen Bewohner des jeweiligen Dorfes dazu, die seit Jahren in der Diaspora leben. Diese Vereine kümmern sich um die Belange ihres Dorfes.
- In der „Diözese Mardin - Diyarbakir" gibt es das Kloster Mor Hananyo (Deyrulzafaran) mit dem Erzbischof und ein Mönch.
- In der Diözese Mardin - Diyarbakir sind gegenwärtig zwei Gemeindepfarrer und vier Malfonos, die in der Diözese arbeiten; in der gesamten Diözese wohnen 550 Christen, verteilt auf acht verschiedene Orte. 30 Schüler werden von Malfonos unterrichtet.

Anmerkung: Die Zahlen und Informationen über die beiden Diözesen bekam ich vom Kloster Mor Gabriel und vom Kloster Deyrulzafaran per Email im Dezember 2009 zugeschickt.

Summary

In this summary I'll mention some important points about the Syriac-Orthodox Church in general and the two dioceses of Turabdin and Mardin in particular:

- Turabdin means "Mountain of the servants of God". It is a region in the Southeast of Turkey at the border of Syria and Iraq. It is the home country of the Syriac Christians. Old monasteries and churches still witness that this has been a Christian region for more than 1600 years.
- You find Turabdin west of Mardin extending east to Cicre. The north to south extension is from Hasankeyf to Nusaybin.
- The Syriac-Orthodox Church was founded by the Apostolic centre of Antiochia in 37 A.D. It was renewed by Ja'qob Burd'ona in the 6th century AD; he is known as "Jakobus Baradäus". That is why the members of this church were called "Jacobites".
- The best time of this church was from about 600 to 1300 A.D. with well known theologians and scholars; the last well known theologian and universal scholar was Bar Hebräus who died in 1286.
- The Syriac-Orthodox Church has seven sacraments. In the services they take the so called liturgy of Yakub, a disciple and brother of Jesus in Jerusalem. The Church practises a very strong tradition of fasting.

- The Syriac-Orthodox Church acknowledges the first three ecumenical councils: Nicäa (325), Constantinople (381) and Ephesus (431). In my opinion it is not correct to call the Syriac Christians "monophysites", because they believe that both the divine and the human nature are united in Christ.
- The name of the members of this church is "Syriac Christians" (cf Patriarchal Journal Dec.1981 Nr. 10). They speak a dialect of Aramaic, the native language of Jesus. They worship in this language. Their ethnic origin goes back to both the Arameans and the Assyrians.
- The Syriac-Orthodox Church is one of the oldest churches in the world; it is a member of the World Council of Churches (WCC) in Geneva.
- The Patriarch's seat is in Damascus today, formerly it was in Mardin and Deyrulzafaran for 600 years.
- Today we have two dioceses in the Southeast of Turkey: The "Diocese of Turabdin" (Archbishop Timotheos Sa-

Überreste vom **Kloster Mor Lazoor**

muel Aktaş since 1985) and the "Diocese of Mardin-Diyarbakir" (Archbishop Philoxinos Saliba Özmen since 2003). The third diocese in Turkey is the "Diocese of Istanbul" (Archbishop Filüksinos Yusuf Cetin since 1986). For some years there has existed a new diocese, the "Diocese of Adiyaman" with Bishop Grigorios Melki Ürek (since 2005).

- In the "Diocese of Turabdin" there live 1590 Christians in 24 different places. There are nine monks in the monasteries, six priests (Qashe) for the parishes, ten teachers (malfonos) in the villages and seven teachers in the monasteries; there are 22 nuns especially in the monasteries. In the Diocese of Turabdin there are 234 schoolboys and students in the special schools of the Syriac-Orthodox Church. (By comparison: It is estimated that the number of Syriac Christians living in Germany is 80.000; in other countries of Europe the number is estimated at 220.000. Of course more Syriac Christians are living all over the world.)
- The largest town in the diocese is Midyat with 121 families (434 persons), in Midun there are 64 families (272 persons), in Arkah (Harabale) there are 216 persons, in Bsorino there are 140 Christians.
- In the meantime each village with Christian residents of Turabdin has founded an association abroad. The former villagers have the task of looking after the inhabitants of their former village and to support them when there are necessary renovations in the villages etc.
- In the "Diocese of Mardin – Diyarbakir" there are about 550 Christians living in eight different places; there are two priests; four malfonos are responsible for the schoolwork in the diocese; there are about 30 schoolboys in the special schools of the Syriac-Orthodox Church.

Annotation: I got the numbers and the information about the two dioceses from the monastery of Mor Gabriel and from the monastery of Deyrulzafaran (by email December 2009).

Ausblick in die Zukunft

Religionsfreiheit auch in der Türkei

– zwei Stimmen aus der deutschen Politik

Taufkapelle neben der **Kirche Mor Dodo** in Bsorino

15 Ausblick in die Zukunft
Religionsfreiheit auch in der Türkei
– zwei Stimmen aus der deutschen Politik

1. Aus der Rede von Bundespräsident Wulff in der Türkei

Einleitung

Bundespräsident Christian Wulff aus Berlin hat im Oktober 2010 als Bundespräsident seinen ersten Besuch in der Türkei gemacht. Am 19. Oktober hielt er als erster deutscher Bundespräsident in der Großen Nationalversammlung in Ankara eine sehr wichtige Rede. Es war eine besondere Ehre und ein großes Entgegenkommen der Türkei, dass Bundespräsident Wulff diese Möglichkeit bekam.

In seiner Rede wurde im Schlussteil auch das Thema „Christen in der Türkei" angesprochen. Dieser Teil ist für das Thema dieses Buches besonders wichtig, weil hier versucht wird, das Thema „Religionsfreiheit" und „Rechte der christlichen Minderheiten" nicht auszuklammern sondern mutig anzusprechen. Öffentlich wurden Probleme angesprochen, die für die Zukunft der Christen, aber auch für die Zukunft der Türkei wesentlich sind. Dafür vielen Dank, verehrter Herr Bundespräsident!

Natürlich haben diese Worte Gültigkeit auch für die syrischen Christen im Turabdin, auch wenn diese Namen nicht erwähnt werden. Die Aussagen des Bundespräsidenten gelten allen Christen in der Türkei, ganz gleich welcher Konfession und Kirche sie angehören.

Auszug aus seiner Rede

... „Unsere Nationen gehören schon seit langem gemeinsam dem Europarat an. Seine Prinzipien, Menschenrechte, Demokratie und Rechtstaatlichkeit, wie sie in der Europäischen Menschenrechtskonvention niedergelegt sind, binden uns seit langem. Dazu gehört der Schutz der Minderheiten sowie religiöser und kultureller Pluralismus. Die Muslime in Deutschland können ihren Glauben in würdigem Rahmen praktizieren. Die zunehmende Zahl auch neuer Moscheen ist dafür ein deutliches Symbol.

Gleichzeitig erwarten wir, dass Christen in islamischen Ländern das gleiche Recht haben, ihren Glauben öffentlich zu leben, ihren eigenen theologischen Nachwuchs auszubilden und Kirchen zu bauen. In allen Ländern, vor allem in unseren beiden Ländern, sollten die Menschen die gleichen Rechte und Chancen genießen, unabhängig von ihrer Religion.

Hier in der Türkei hat das Christentum eine lange Tradition. Das Christentum gehört zweifelsfrei zur Türkei. Ich freue mich, an diesem Donnerstag in Tarsus

Blick auf Marbobo an der syrischen Grenze

Verfallenes Kloster in der Nähe von Inwardo

einen ökumenischen Gottesdienst mitfeiern zu dürfen. Ich höre mit großer Begeisterung, dass in der Türkei immer mehr Stimmen zu hören sind, die mehr Kirchen für Gottesdienste öffnen wollen. Zu dieser Entwicklung möchte ich nachhaltig ermutigen: Die Religionsfreiheit ist Teil unseres Verständnisses von Europa als Wertegemeinschaft. Wir müssen religiösen Minderheiten die freie Ausübung ihres Glaubens ermöglichen. Das ist nicht unumstritten, aber es ist für die Zukunft der Welt absolut notwendig. Das friedliche Miteinander der verschiedenen Religionen ist eine der großen Zukunftsaufgaben dieser Welt im 21. Jahrhundert. Diese Aufgabe, die so groß erscheint, ist bei gutem Willen und Respekt vor der Würde eines jeden Menschen sehr viel leichter lösbar als viele andere Fragen, denen wir uns zu widmen haben bei der Schaffung einer neuen Weltfinanzordnung oder der Bekämpfung des Klimawandels". ...

Quelle:
http://www.bundespraesident.de/Reden-und-Interviews-,11057.667851/Rede-von-Bundespraesident-Chri.htm?g

Speech in English:
http://www.bundespraesident.de/Anlage/original_669126/Speech-in-English.pdf

Altar in der **Klosterkirche Mor Gabriel**

2. Auszug aus einem Beitrag von Volker Kauder, Fraktionsvorsitzender der CDU / CSU

Das Thema »Religionsfreiheit« spielt in der Bundestagsfraktion der CDU / CSU eine immer wichtigere Rolle. Vor allem ihr Fraktionsvorsitzender Volker Kauder setzt sich im Bundestag und in der Öffentlichkeit für dieses Thema vehement ein. Er schreibt in einem Beitrag „Unsere Politik – Religionsfreiheit verteidigen, Christen schützen", wie auch der Titel der Broschüre lautet, u.a. folgendes:

... "Das Recht auf Gedanken-, Gewissens- und Religionsfreiheit ist in Artikel 18 der Allgemeinen Erklärung der Menschenrechte sowie in Menschenrechtskonventionen verankert. Das Völkerrecht ist die Grundlage, auf die wir uns bei unserem Einsatz für die Verfolgten und Bedrängten berufen, denn es gilt universell und verbindlich für alle Staaten. Dennoch ist die Religionsfreiheit in zahlreichen Ländern stark eingeschränkt. Oft sind es kleine, auf den ersten Blick harmlos erscheinende Einschränkungen, die sich gegen religiöse Minderheiten richten. Auch Maßnahmen wie die Eintragung der Religionszugehörigkeit in Personaldokumente eröffnen die Möglichkeit zu vielfältigen Diskriminierungen im Alltag. In einigen Staaten werden Christen immer wieder Opfer von Gewalt. In Ländern wie Nordkorea, aber

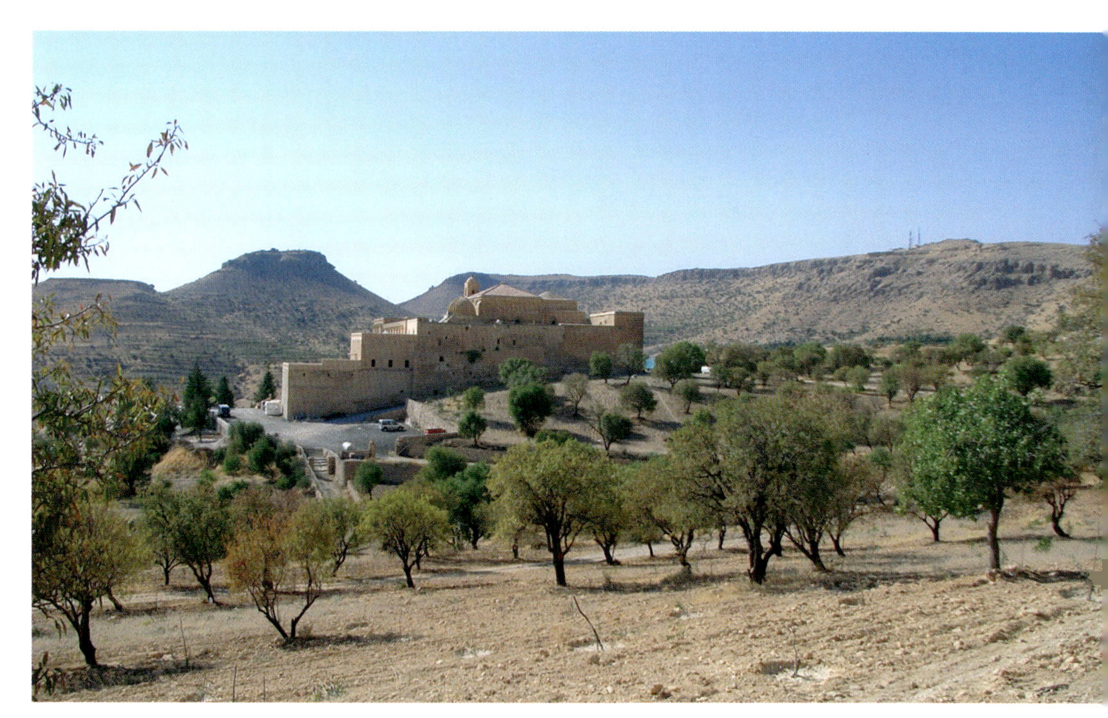

Das **Kloster Mor Hananyo (Deyrulzafaran)** bei Mardin

auch im Irak, kommt es regelrecht zur Christenverfolgung.

Diese in erschreckendem Ausmaß eingeschränkte Religionsfreiheit und die sich wiederholenden Vorfälle von Gewalt gegen Christen wurden von der Öffentlichkeit in Europa lange nicht wahrgenommen. Allein einige christliche Hilfsorganisationen wiesen immer wieder eindringlich auf das Schicksal ihrer verfolgten Brüder und Schwestern hin. Dies ist ihnen hoch anzurechnen. Als Christdemokraten fühlen wir uns ebenfalls aufgefordert, uns für die verfolgten Christen einzusetzen. Wir tun dies über die Stärkung der Menschenrechte. Nur in einer Welt, in der die Religionsfreiheit für alle Menschen ohne Unterschied gilt, können auch Christen frei leben. Und so, wie wir in unserem eigenen Land Religionsfreiheit ohne Unterschied gewähren, setzen wir uns in unserer Außenpolitik für Religionsfreiheit in anderen Ländern ein." ...

Quelle:
„Unsere Politik – Religionsfreiheit verteidigen, Christen schützen" hrg. CDU / CSU Fraktion im Deutschen Bundestag, Januar 2011, S. 6
(Kontakt: pressestelle@cducsu.de)

Abdruck der beiden Texte mit freundlicher Genehmigung der zuständigen Stellen

Überreste des **Klosters Elyas in Ehwo**

Zum Abschluss:

Das aramäische Vaterunser

Kirchturm in Bote

16 Zum Abschluss: Das aramäische Vaterunser

Ich schließe dieses Buch über den Turabdin und die syrischen Christen mit dem Vaterunser ab. Warum gerade mit diesem Gebet?

Weil es für mich eines der schönsten und kraftvollsten Gebete ist, die ich kenne und die mich begleiten. Weil es das Gebet ist, das Christen in aller Welt miteinander verbindet. In viele Sprachen wurde es übersetzt. Die Ursprache dieses Gebetes ist aber das Aramäische, die Sprache Jesu Christi und die Sprache der syrischen Christen. Weil es das Gebet Jesu Christi war, ist es auch zu allen Zeiten das Gebet der Christen.

Es ist ein Gebet, das in sieben Bitten wichtige Anliegen unseres Lebens und Glaubens vor Gott bringt und ausbreitet. Wir dürfen es in jeder Lebenslage beten, wenn wir einen neuen Tag beginnen oder den erlebten Tag abschließen; wenn wir fröhlich oder traurig, verzweifelt oder hoffnungsvoll sind; wenn wir unterwegs oder zu Hause, in unserer Wohnung oder in einer Kirche versammelt sind; wenn wir einen Gipfel erklommen haben oder durch ein tiefes Tal gehen müssen; wenn wir krank oder gesund sind; wir dürfen es für uns in der Stille oder mit anderen laut zusammen beten; wir dürfen es in Aramäisch oder Deutsch, in Englisch oder Arabisch beten. Wir dürfen es bei Nacht oder bei Tag beten, zu allen Zeiten und an allen Orten.

Von diesem Gebet Jesu geht bis auf den heutigen Tag eine gewaltige Kraft aus, die uns Halt und Zuversicht gibt. Christen in aller Welt beten es in ihrer Sprache. Und es trägt den, der es betet. Wenn die syrischen Christen in ihrer Liturgie das Vaterunser beten, dann rücken Gegenwart und Vergangenheit zusammen und die gesprochenen Worte oder der Gesang dieser Worte bereiten einen Weg, der aus dem Heute in die Zukunft führt. Es wird gleichsam ein Fenster aufgestoßen, durch das das Licht Gottes einbricht und den Beter umgibt. Im Vertrauen auf dieses Licht darf und kann der Beter oder die Beterin seinen und ihren Weg gestärkt weitergehen. Gott geht mit ihm und mit ihr!

So begleitet und trägt das aramäische Vaterunser die syrischen Christen seit Hunderten von Jahren. So war es und so wird es sein.

ܨܠܘܬܐ ܡܪܢܝܬܐ

ܐܒܘܢ ܕܒܫܡܝܐ ܢܬܩܕܫ ܫܡܟ܆
ܬܐܬܐ ܡܠܟܘܬܟ܂ ܢܗܘܐ ܨܒܝܢܟ܆ ܐܝܟܢܐ
ܕܒܫܡܝܐ ܐܦ ܒܐܪܥܐ܂ ܗܒ ܠܢ ܠܚܡܐ
ܕܣܘܢܩܢܢ ܝܘܡܢܐ܂ ܘܫܒܘܩ ܠܢ
ܚܘܒܝܢ ܘܚܛܗܝܢ܆ ܐܝܟܢܐ ܕܐܦ ܚܢܢ
ܫܒܩܢ ܠܚܝܒܝܢ܂ ܘܠܐ ܬܥܠܢ ܠܢ
ܠܢܣܝܘܢܐ܂ ܐܠܐ ܦܨܢ ܡܢ ܒܝܫܐ܂ ܡܛܠ
ܕܕܝܠܟ ܗܝ ܡܠܟܘܬܐ ܘܚܝܠܐ ܘܬܫܒܘܚܬܐ
ܠܥܠܡ ܥܠܡܝܢ ܐܡܝܢ܀

B. Ögünc

Das **Vaterunser in Aramäisch**, geschrieben von Abuna Bitris Ögünc

Das Vaterunser

auf Aramäisch, der Sprache Jesu Christi
– in lateinischer Umschrift:

Abun d-ba-shmayo,
nethqadash shmokh,
tithe malkuthokh,
nehwe sebyonokh aykano
d-bashmayo,
of b-ar'o.
hablan lachmo d-sunqonan yawmono,
wa shbuqlan chawbayn wa chtohayn
aykano d-of chnan shbaqen l-chayobayn.
lo ta'lan l-nesyuno, elo fasolan men bisho,
metul d-dilokh-i malkutho w chaylo w
teshbuchto l-'olam 'olmin.
Amin.

Das Vaterunser

– ökumenische Fassung von 1970 –

Vater unser im Himmel.
Geheiligt werde dein Name.
Dein Reich komme.
Dein Wille geschehe,
wie im Himmel, so auf Erden.
Unser tägliches Brot gib uns heute.
Und vergib uns unsere Schuld,
wie auch wir vergeben unsern Schuldigern.
Und führe uns nicht in Versuchung,
sondern erlöse uns von dem Bösen.
Denn dein ist das Reich
und die Kraft
und die Herrlichkeit in Ewigkeit.
Amen

Der eindrucksvolle Chor mit dem Steinkreuz in der **Marienkirche von Hah**

Our Father in heaven (modern)

English Language Liturgical Consultation (1988)

Our Father in heaven,
hallowed be your name,
your kingdom come,
your will be done,
on earth as in heaven.
Give us today our daily bread.
Forgive us our sins
as we forgive those who sin against us.
Save us from the time of trial
and deliver us from evil.
For the kingdom the power, and the glory are yours
now and for ever. Amen.

Ausschnitt aus dem Kuppelaufsatz der **Marienkirche in Hah**: Christliche Symbole

Möge dieses weltumspannende Gebet den syrischen Christen im Turabdin und in der Diaspora, wo immer sie jetzt leben, aber auch uns Kraft und Mut geben, dass wir alle unter dem Segen Gottes in eine gemeinsame Zukunft gehen können, in der Frieden und Gerechtigkeit wohnen.

SHLOMO !

Marienkirche von Hah: Kuppelaufsatz mit Symbolen

Horst Oberkampf

Evangeliare der Syrisch Orthodoxen Kirche im Tur Abdin

- Bilder, Gedanken, Besinnungen -
ergänzt durch Fotos aus dem Tur Abdin

Ein **Heft über „Evangeliare im Turabdin" mit Besinnungen und Informationen**, hrg. 2007, 76 S. und ein **Buch „Christen im Nordirak"**, hrg. 2008, 213 S. können beide beim Autor gekauft werden. Beide Bücher sind im Eigenverlag erschienen (horst.oberkampf@t-online.de).

Schau nach deinen Freunden,
ob es ihnen gut geht...

Im Blickpunkt: Christen im Nordirak

- Auf Besuch bei Assyrern, Chaldäern, Syrern, Armeniern -

Rückblick auf die Jahre

1991–2008

Ein persönlicher Erfahrungsbericht

Horst Oberkampf

Aus dem **Evangeliar von Hah** (1227 n. Chr.)